E. POTEUR

LA
SAINTE-CHAPELLE
DE PARIS

(1246-1912)

LA
SAINTE-CHAPELLE
DE PARIS

1246-1912

DU MÊME AUTEUR

La Conciergerie du Palais de Paris. — *(Ouvrage honoré d'une souscription du Ministère de l'Instruction Publique).* — Un volume in-8. Prix : 2 fr. 50 ; chez Asselin et Houzeau, place de l'Ecole-de-Médecine (à la Conciergerie et à la Sainte-Chapelle de Paris).

Histoire de Saint-Lazare. — *(Ouvrage honoré d'une souscription du Conseil Municipal de Paris et du Conseil Général de la Seine).* — Un volume in-8. Prix : 3 fr. 50 ; à la Société française d'imprimerie et de librairie, 15, rue de Cluny (chez Flammarion, Galeries de l'Odéon et autres libraires).

LA
SAINTE-CHAPELLE
DE PARIS
HISTOIRE, ARCHÉOLOGIE
(1246-1912)

Par **EUGÈNE POTTET**

CHEF DE BUREAU HONORAIRE DE LA PRÉFECTURE DE POLICE
EX-MEMBRE DE LA SOCIÉTÉ HISTORIQUE DU VIe ARRt

ORNÉ DE 8 GRAVURES

PARIS

ASSELIN ET HOUZEAU, ÉDITEURS

PLACE DE L'ÉCOLE-DE-MÉDECINE

—

A mon cher fils, le Docteur

MAURICE POTTET,

je dédie cette monographie de la Sainte-Chapelle de Paris.

AUX LECTEURS

C'est aux nombreux visiteurs de la Sainte-Chapelle, Français ou Étrangers, que s'adresse ce petit volume, pratique par la sobriété de sa documentation et par la modicité de son prix.

Nos visiteurs sont des hommes pressés qui ne liraient pas une œuvre trop importante, trop savante, mais qui désirent néanmoins conserver un souvenir palpable de leur intéressante visite à notre glorieuse Sainte-Chapelle qu'ils ont admirée, comme un des chefs-d'œuvre de l'architecture ogivale du XIIIe siècle.

Une note dans leur guide habituel est trop succincte, un ouvrage plus complet sur la Sainte-Chapelle serait trop encombrant.

Nous pensons donc que nos lecteurs trouveront, dans cette simple monographie, ce qui leur convient et ce qu'ils ne trouveraient pas ailleurs.

Novembre 1912.

LA SAINTE-CHAPELLE
DE PARIS

HISTOIRE — ARCHÉOLOGIE

PREMIÈRE PARTIE

SAINT LOUIS JUSQU'A LA RÉVOLUTION (1246-1789).

CHAPITRE PREMIER

Louis IX (saint Louis). — Édification de la Sainte-Chapelle (1246-1248). — Description générale. — Sacristies. — Dépendances. — Bibliothèque. — Chapelle basse. — Tombes. — Chapelle haute.

C'est à Louis IX que nous devons cette merveille d'architecture ogivale que l'on appelle la Sainte-Chapelle.

« Saint Louis, voici le vrai héros du moyen âge, un prince aussi pieux que brave », nous dit l'historien Victor Duruy (1), et plus loin il ajoute : « Rome l'a canonisé et le peuple le voit encore assis sous le chêne de Vincennes, rendant la justice à tout venant. »

(1) *Histoire de France et du Moyen âge*, p. 402 (1865).

Or, saint Louis avait acquis de Baudouin II, empereur de Constantinople, en retour des sommes qu'il avait payées pour lui aux Vénitiens, la couronne d'épines de Jésus-Christ.

Cette précieuse relique fut d'abord envoyée à Venise et de Venise à Bourbon-l'Archambault, « portée successivement à cheval, en bateau et en litière (1) ».

Le roi la porta lui-même accompagné des seigneurs de la cour, jusqu'à Sens. Puis enfin, arrivé à Paris, il la fit exposer à l'abbaye de Saint-Antoine-des-Champs, le 18 août 1239. Ensuite, saint Louis, dépouillé de ses habits royaux, vêtu d'une simple tunique de toile blanche, pieds nus, la porta d'abord à Notre-Dame, après à la chapelle Saint-Nicolas qui se trouvait dans l'enceinte du Palais.

Peu de temps après, l'empereur Baudouin céda au roi de France plusieurs autres reliques, notamment un morceau de la vraie croix.

Édification de la Sainte-Chapelle. — Saint Louis conçut alors le projet, ne trouvant aucune chapelle digne de recevoir d'aussi précieux dépôts, d'en faire construire une spécialement destinée à cet honneur. Il est de tradition qu'il s'addressa à Pierre de Montereau ou Montreuil (2) qui l'avait accompagné en Orient et à qui nous devons la chapelle de Vincennes, le réfectoire de Saint-Martin-des-Champs, le dortoir, la salle Capitulaire et la chapelle de l'abbaye de Saint-Germain-des-Prés.

(1) Consulter les *Mémoires de Joinville*, l'*Histoire d'Angleterre* de Mathieu Paris jusqu'à 1259.

(2) D'après certains auteurs, Pierre de Montereau, désigné notamment par le chanoine Morand, comme l'architecte de la Sainte-Chapelle, était, en effet, le maître d'œuvre le plus célèbre du xiiie siècle, mais il n'est pas prouvé, d'une façon irréfutable, qu'il a été l'architecte de cette merveille. Cela paraît cependant vraisemblable.

L'emplacement choisi pour l'édification de la Sainte-Chapelle fut celui occupé par la chapelle Saint-Nicolas.

Saint Louis surveillait lui-même les travaux, il s'entretenait souvent, paraît-il, avec Pierre de Montereau à qui il aurait dit : « qu'il voulait que la maison de Dieu ne ressemblât en rien aux maisons des hommes. »

En deux ans, de 1246 à 1248, cette admirable construction fut élevée avec une chapelle basse et une chapelle haute.

Le xiii° siècle marque d'ailleurs dans les arts le triomphe de l'architecture ogivale. « L'arc décidément se brise, s'effile et s'élance, afin de porter plus haut près du ciel, la voûte du temple et la prière des peuples. C'est alors que se sont élevées ces montagnes de pierres ciselées à jour, les cathédrales de Paris, de Reims, d'Amiens, de Chartres, de Bourges, de Strasbourg, et la Sainte-Chapelle à Paris, qui remplacent l'architecture romane, lourde encore et massive, par des temples où se montrent toute la hardiesse de la pensée, toute l'élévation, toute la ferveur du sentiment religieux (1). »

Description de la Sainte-Chapelle. — Nous venons de dire qu'elle comportait deux étages (2). Une chapelle basse était destinée à la domesticité, une chapelle haute à l'usage du roi et de la cour.

Voici les proportions si souvent admirées de ce magnifique vaisseau de la Sainte-Chapelle :

Longueur hors œuvre...........................	36 mètres
Longueur dans œuvre...........................	33 —
Largeur hors œuvre.............................	17 —
Largeur dans œuvre.............................	10^m,70
L'élévation extérieure jusqu'à la pointe du pignon de la façade...............................	42^m,50

(1) Victor Duruy. *Histoire de France et du moyen âge*
(2) On voit encore des chapelles à deux étages au Palais des C^{tes} de Champagne à Provins et à l'archevêché de Reims (xiii° siècle). Une chapelle moderne semblable existe à Lourdes.

Enfin les hauteurs suivantes ont été relevées :

Voûte de la chapelle basse......................	$6^m,60$
Voûte de la chapelle haute......................	$20^m,50$
Hauteur de la flèche au-dessus du comble........	$33^m,25$

Pour l'ensemble de cette ravissante construction, une pierre dure de choix (le liais cliquart) a été uniquement employée; chaque assise est cramponnée par des agrafes de fer coulées en plomb ; la pose et la taille des pierres sont parfaites et la sculpture est d'un fini achevé.

En faisant face extérieurement à la Sainte-Chapelle, normalement orientée, nous sommes en présence d'un porche à double étage, ouvert sur trois côtés et que surmonte une terrasse à balustrade de pierre ajourée qui a été ajoutée après coup. Cela paraît résulter de la vue d'un ornement assez grand en forme de k minuscule gothique qui y a été sculpté. Cette lettre k, initiale du nom Karolus (Charles), est couronnée par des anges au milieu de fleurs de lys de la balustrade et rappelle les travaux entrepris en ce lieu par ordre de Charles VIII.

Du côté du porche, la Sainte-Chapelle se trouve de plain-pied sur la cour; du côté du chevet au contraire, elle est située assez fortement en contre-bas et protégée par une grille qui l'enclôt également du côté du Midi.

Au mur latéral Nord était autrefois accoté un petit bâtiment en forme de chapelle et dont l'abside est représentée dans un dessin fait après l'incendie de 1776 sur lequel nous reviendrons.

Sacristie — Dépendances. — Ce petit bâtiment, nous dit M. Desmaze, conseiller à la Cour d'appel de Paris (1), se composait de trois étages, d'une balustrade et d'une haute toiture.

(1) *Histoire de la Sainte-Chapelle*, Dentu, 1872. (Biblioth. Nationale, catalogue LK7. 16.035.)

Au rez-de-chaussée était la sacristie de la chapelle basse, au premier, celle de la chapelle haute, et le troisième étage, voûté en ogives, formait avec le comble deux grandes chambres occupées par le trésor des chartes.

La Sainte-Chapelle possédait aussi anciennement un escalier extérieur pour donner accès à la chapelle haute. Nous le trouvons reproduit dans plusieurs estampes de l'époque et notamment dans le dessin de Chapuy (1832) « Ancien Paris ». « La Sainte-Chapelle avant la construction de la flèche par Viollet-le-Duc. »

Cet escalier était large, élevé de quarante-quatre marches et donnait accès à la chapelle haute. Plusieurs fois reconstruit, la dernière fois en 1811, il a été définitivement supprimé en 1850.

De nos jours, on pénètre à la chapelle haute par un escalier en colimaçon aux marches boisées, qui se trouve dans la tourelle droite.

Avant de revenir à la description intérieure du chef-d'œuvre de Pierre de Montereau (soit dit jusqu'à plus ample imformé), il n'est pas sans intérêt de rappeler l'aspect extérieur du monument.

Si la galerie marchande du Palais eut ses acheteurs et ses promeneurs, il y eut aussi des boutiques de toutes sortes entourant la Sainte-Chapelle et placées sous le porche de la chapelle basse.

Nous avons sous les yeux une gravure qui en témoigne : Palais de Justice, ancienne Cour des Comptes (1). Mais s'il faut croire un historien auquel j'emprunte ce récit (2), et sans doute d'après M. Desmaze, la conduite des Parisiens n'était pas toujours sans reproche aux abords de ce saint lieu. La vénération de la Sainte-Chapelle et des reliques

(1) Schmit, del. Lith. de G. Engelmann.
(2) De Genouillac. *Paris à travers les siècles.*

n'empêchait pas « les irrévérences et les désordres », qui se commettaient le soir et la nuit. C'est ainsi que l'on peut lire sur les registres mention de payement de 371 livres pour une balustrade en fer posée autour dudit porche, afin de les empêcher.

Bibliothèque. — Il est dit dans l'histoire de saint Louis (1) qu'il fit bâtir, à côté de la Sainte-Chapelle, une salle qu'il affecta à une bibliothèque ouverte à la jeunesse comme aux hommes vieillis dans les études. On aimait, paraît-il, à cette époque, à placer tout à côté des églises les œuvres de l'esprit humain et l'on disait : qu'église sans bibliothèque était citadelle sans munitions.

« Pour les ouvrages condamnés, le saint roi les faisait de tout le royaume apporter à Paris pour y être brûlés. Moyen aussi simple qu'énergique. »

On dit aussi, peut-être avec exagération, qu'au XIII° siècle plus de cinq mille copistes reproduisaient, outre les livres sacrés, les chefs-d'œuvre d'histoire et de poésie des Grecs et des Romains, d'après des manuscrits importants et rares.

Ces livres figuraient en bonne place dans la nouvelle bibliothèque où saint Louis passait de longues heures à les examiner. Il était entouré de doctes prud'hommes, de clercs et laïques, d'étrangers même attirés en ce lieu par amour de la science. C'était plaisir pour lui d'expliquer et de traduire, aux jeunes écoliers, les passages les plus difficiles.

Si sa douceur charmait les jeunes gens, son savoir et son jugement sûr faisaient l'adimration des plus érudits et des plus âgés de ses sujets.

Malgré notre profonde admiration pour cette grande figure du pieux roi, nous ne pouvons nous défendre de tristesse à la pensée des cruautés commises sous son règne.

(1) Voir Joinville.

Saint Louis faisant percer la langue des blasphémateurs au fer ardent, marquer au front, ou brûler aux lèvres ou encore attacher à l'échelle, sorte de pilori, après avoir passé par le fouet, fut heureusement rappelé à moins de zèle par bulle du pape Clément VIII, en 1268.

A la manière forte, comme nous disons aujourd'hui, saint Louis dut substituer la simple amende et quelques coups de fouet; c'était déjà meilleure justice.

La chapelle basse. — Tombes. — Après avoir franchi un porche assez vaste sous lequel sont, à droite et à gauche, des épaves du monument, on pénètre dans la chapelle basse par une porte provisoire dont l'aspect est des plus disgracieux (1).

Une Vierge et l'Enfant (2) passant pour miraculeuse est adossée contre un trumeau qui sépare la porte en deux parties. Deux colonnettes reposent sur un stylobate couvert de losanges galonnés portant les armoiries alternées de France et de Castille.

Le Couronnement de la Vierge, scène que nous retrouvons à Notre-Dame-de-Paris, à l'abbaye de Longpont, dans de nombreuses miniatures, est représenté au tympan.

Geoffroy Dechaume (3) serait l'auteur de cette sculpture moderne (4).

« L'intérieur est voûté sur croisée d'ogives entrecoupée d'arcs doubleaux. La nef unique, assez large, est accostée de deux petites galeries collatérales, dont elle est séparée

---

(1) Ce provisoire dure longtemps. Voir l'*Histoire de la Conciergerie du Palais* par Eugène Pottet (1re édition 1887).
(2) D'après Henri Lemaître. Légende créée en 1570 par un évêque espagnol, Fr. de Souza.
(3) Voir article de la Cité (juillet 1911).
(4) Les Assomptionnistes, rue Bayard, prétendent avoir la statue authentique.

par quatorze colonnes monostyles, à bases polygones, que couronnent de gracieux chapiteaux feuillagés et que soutiennent du côté extérieur de petits arcs-boutants ajourés, chargés de prévenir la poussée des voûtes. En outre des faisceaux de colonnettes engagées supportent la voûte et, au rond-point du chevet, deux colonnes vierges de chapiteaux traversent la voûte pour percer la chapelle supérieure ; elles étaient destinées à soutenir jadis la tribune absidale de la charpente haute. Des arcades ogivales trilobées forment la décoration des parois ; douze médaillons représentent les apôtres et les encadrements sont ornés de cabochons et de verroteries qui produisent un effet satisfaisant. Mais les artistes modernes ont refait tout cela, plutôt qu'il ne l'ont restauré.

« Une des baies, du côté du midi, fut ouverte au xve siècle et servit de passage pour pénétrer dans la chapelle latérale, addition de cette époque qui fut dénommée chapelle de Notre-Dame du Cimetière. Lorsqu'en 1691, les chanoines firent supprimer, pour faciliter l'entrée de la chapelle, l'arcature de cette travée, ils la remplacèrent par une grille de fer (1) ; mais la symétrie ancienne a été rétablie par les architectes du xixe siècle qui se sont appliqués à reproduire le primitif état de choses.

« Avant cette restauration, on apercevait sur les murs latéraux, sur les colonnes et sur les nervures, des restes de décoration, et des couches épaisses de badigeon ocre jaune recouvraient les anciennes traces de peintures dont quelques-

---

(1) En 1677, le chanoine Dongois, chapelain de la Chapelle-du-Cimetière, avait obtenu l'autorisation du chapitre de changer l'entrée de cette chapelle qui, située dans le cimetière, était fort incommode en raison des boutiques voisines et d'en faire pratiquer une nouvelle entre les deux piliers de la Sainte-Chapelle même (Archives Nationales LL. 594 fe 182. V). (Citation et Notes d'Henri Stein).

LA SAINTE-CHAPELLE DE PARIS. LA CHAPELLE BASSE
(XIII° SIÈCLE)

unes, à la voûte notamment, dataient de Martin Fréminet, c'est-à-dire du règne de Louis XIII. La majeure partie a été sacrifiée, d'autres ont fourni les éléments d'une restauration qu'on veut croire fidèle; le seul motif réellement intéressant (1), rendu alors à la lumière, fut une Scène de l'Annonciation peinte au xiiie siècle par analogie avec les verrières, sur la muraille de la première travée de l'abside, au nord, à l'endroit où la présence de la sacristie avait interdit l'ouverture d'une fenêtre comprise dans la conception primitive. »

Les Tombes. — Le sol de la chapelle basse était autrefois jonché de dalles funéraires. On a pu heureusement en sauver un certain nombre de la destruction. C'est ainsi que nous avons remarqué celle qui se trouve dans cette chapelle, tout à fait à l'entrée (2). Ces dalles funéraires nous apprennent qu'elles recouvraient principalement les sépultures des trésoriers et des chanoines du lieu.

La liste très méthodiquement dressée avec noms, qualités et dates de décès des principaux personnages inhumés dans cette chapelle serait peut-être un peu longue pour nos lecteurs. Il suffira d'indiquer les quelques noms suivants dans l'ordre alphabétique :

Aigny (Me Jean d'), chanoine, conseiller de Charles VI et contrôleur de la Chambre aux deniers († 1432). — Auvry (Claude), chanoine, évêque de Coutances († 1687). — Barjot (Christophe), chanoine († 1682).. . . . .
. . . .
Boileau (Gilles) († 1657). — Boileau (Nicolas), académicien poète († 1711). — Boileau (Pierre), fils de Gilles († 1683). — Boileau (Jacques), chanoine († 1716). . . . .

(1) Voir *Magasin pittoresque*, VII, p. 109.
(2) C'est celle de Johan Mortis, conseiller du roi, cour du Parlement, chantre, chanoine, décédé en 1481, 6e jour de may. « Dieu ait l'âme de luy » (*Sic*).

. . . .

Fleuriau d'Armenonville (Charles), évêque d'Aire († 1694). — Pavilly (M⁰ Jean de), chanoine, médecin du roi († 1327), etc.

La chapelle basse avait des fonts baptismaux et sept autels où le clergé de la Sainte-Chapelle exerçait des fonctions curiales, ainsi que quelques officiers de service du Palais. Des chapellenies fondées notamment par les familles de Melun et de Culant y existaient aussi au xvi⁰ siècle. Louis XI avait créé une collégiale pour l'ordre Saint-Michel, en 1476, et enfin la confrérie des pèlerins de Saint-Michel y avait son siège et y officiait.

Chapelle haute. — On remarque les mêmes dispositions en pénétrant dans cette chapelle que celles qui nous ont frappé en entrant dans la chapelle basse. Cependant les dimensions sont plus vastes et l'ornementation plus riche. Au-dessus de la porte d'entrée qui a enfin été remplacée, il y a une statue du Christ. On a appelé notre attention sur une fissure qui s'est produite lors de travaux exécutés au Palais à la suite des inondations de 1910 et a fait détacher un morceau de pierre malencontreusement tombé sur la main étendue de ce Christ dont elle a brisé le poignet.

Le Christ se voit du porche, au-dessus de la porte d'entrée refaite par Geoffroy Dechaume tant elle avait été mutilée. Il bénit et tient un globe terrestre dans la main gauche. Les colonnes qui décorent les ébrasures et les cordons de feuillage et de fleurs entre les fûts des colonnes, sont un travail moderne.

« Les sculptures du tympan, dans la voussure, sont consacrées à la Résurrection des morts, dominée par le Christ qui siège pour juger le monde et qui accompagne la Vierge et saint Jean à genoux; et à la Scène du jugement dernier (1) exécu-

(1) Ici la restitution ne paraît pas avoir été fidèle.

LA SAINTE-CHAPELLE DE PARIS. LA CHAPELLE HAUTE
(XIIIᵉ SIÈCLE)

tée surtout à l'aide de la composition identique qui existe à la partie principale de Notre-Dame-de-Paris.

« Vingt bas-reliefs encadrés de quatre feuilles et accompagnés de petites figures d'hommes et d'animaux, où l'artiste s'est inspiré du croisillon sud de la cathédrale, décorent le stylobate. Quant aux boiseries des vantaux de la porte, nous savons qu'elles ont été copiées sur le modèle ancien, faute d'avoir pu les utiliser.

« Au-dessus de deux rangs de balustrades trilobées s'ouvre une grande rose circulaire découpée en nombreux compartiments de style flamboyant de la fin du XVe siècle. Au même style appartiennent la balustrade à jour (1) qui se voit au pied du pignon et les deux clochetons qui surmontent les contreforts polygonaux, situés aux angles de la façade et évidés à l'intérieur, où l'on a ménagé des escaliers permettant l'accès au comble. Les clochetons sont cerclés à la pointe, d'une couronne royale et d'une couronne d'épines, la première abaissée sous la seconde. Le pignon est percé d'une roue, bordé de crossettes et terminé par un fleuron.

« Sous la direction de Lassus, le maître charpentier Bellu a reconstruit toute la charpente du comble, qui avait beaucoup souffert des intempéries et du défaut d'entretien. La couverture consiste en grandes feuilles de plomb que séparent des baguettes dorées. L'architecte est allé à Beaune et y a fait mouler les admirables plomberies des crêtes et des girouettes qui ornent les combles et les pinacles de l'Hôtel-Dieu, afin de les imiter ici (2).

« Si l'extérieur de la haute chapelle est digne de notre admiration, réservons encore la meilleure part à l'intérieur qui constitue un joyau charmant, un véritable chef-d'œuvre

(1) Tout entière moderne ; les fragments de l'ancienne ont été déposés au Musée de Cluny.
(2) Il a fait également mouler deux chefs-d'œuvre de serrurerie, le guichet et le marteau qui se voient à la porte principale.

qui émeut l'âme en même temps qu'il enchante les yeux, et qui demeure un des très rares monuments religieux de notre pays que les générations postérieures n'ont pas défigurés, que les restaurations modernes ont su respecter.

« On est frappé tout d'abord du développement anormal du fenestrage, qui occupe tout l'intervalle des contreforts et s'élève jusqu'au sommet des murs. L'architecte, qu'il s'appelle ou non Pierre de Montereau, a su réduire au strict minimum les points d'appui, si fermes sur leurs bases et si bien ajustés qu'il ne s'est pas produit la moindre inflexion depuis bientôt sept cents ans. Le poids entier des voûtes porte ainsi sur les contreforts extérieurs, eux-mêmes d'une surprenante légèreté, et l'on a pu, sans crainte pour sa solidité, transformer en simples faisceaux de colonnes les parois latérales du monument.

« La chapelle haute comporte une seule nef comme la partie inférieure ; un banc de pierre court tout à l'entour destiné au public qui était admis à y suivre les offices. Quatre grandes baies ogivales s'ouvrent de chaque côté, et sept travées plus étroites rayonnent autour du chevet. Les retombées des voûtes à chaque trumeau sont soutenues par des faisceaux de colonnes très différenciées dans la nef et au rond-point ; les chapiteaux sont rehaussés de feuillages finement ciselés et couronnés par un tailloir à pans sur lequel viennent retomber en faisceaux les arcs doubleaux et les nervures croisées des voûtes. Le soubassement est décoré d'arcatures trilobées dont l'ornementation polychrome est empruntée à la flore commune dans quelques-unes de ses variétés (feuilles de chêne, de lierre, de houx, de violettes, etc.) ; le couronnement est orné d'anges thuriféraires, de médaillons quadrilobés, de sujets historiés représentant des saints et des saintes. Ce système d'incrustation de verre peint sur sa face interne et appliqué à la décoration murale est très spécial ; les fonds des écoinçons et des quatre lobes des arcatures sont incrustés de plaques de verre simulant l'émail, au revers desquels sont peints et dorés des ornements et des scènes de martyre, et il y a dans cette mosaïque de verre comme un souvenir de l'Orient imaginé pour chercher à rivaliser avec la splendeur des mosaïques byzantines, tandis que les nervures des mêmes arcatures sont couvertes de gaufrures dorées et peintes. L'emploi des tons brillants qui caractérise ce genre de décoration paraît destiné à se marier avec les vitraux. Les traces de l'ancienne ornementation étaient suffisantes, lors de la restauration, pour entreprendre une restitution parfaitement sûre qui a été de tous points réussie (1). Steinheil en est l'auteur. Les quatre feuilles ainsi disposées dans tout le pourtour de la chapelle, originairement de 44, sont au nombre de 42 : on y remarque entre autres saint Jean Baptiste, saint Denis, saint Etienne, saint Laurent, saint Quentin, saint Sébastien, saint Hippolyte, sainte Marguerite.

« Dans l'encadrement de la porte d'entrée, du côté interne, des peintures ont été également exécutées par Steinheil ; un Christ assis sur son trône et adoré par quatre anges bénit le peuple. Autour de l'arc et sur le linteau, d'autres anges sont en prière : de chaque côté, les prophètes Isaïe et Jérémie. A la gauche du Christ sont représentées les trois scènes de sacrifice de l'Ancien Testament : Abel offrant l'agneau, Abraham immolant son fils, Melchisédec portant le pain et le vin. A sa droite, on voit les trois symboles du sacrifice de la Croix : immolation de l'Agneau pascal, le sang du Christ sur les maisons des Hébreux, élévation du serpent d'airain dans le désert.

« Autrefois chaque pile intérieure de la haute chapelle

(1) Ces précieux restes ont été relevés avec le plus grand soin, par les architectes Bœswillwald et Duban ; leur travail est conservé dans les cartons de le commission des Monuments Historiques.

soutenait une statue d'apôtre (1); les douze, de grandeur naturelle, étaient représentés à chaque trumeau séparant les fenêtres sur une console treillagée et sous un dais à tourelles. En pierre de liais, d'un travail excellent et couvertes d'ornements peints et dorés, qui imitaient les plus riches brocarts, aux bordures rehaussées de pierreries, ces figures surent traverser intactes tous les siècles de l'ancien régime, et trouver grâce devant les critiques du xviiie siècle qui voulurent bien vanter « leur goût de dessin assez bon »; la Révolution les déplaça et transporta dix d'entre elles (2), en l'an V (août 1797), au musée des Monuments Français, où Lenoir les utilisa pour la décoration d'une salle consacrée au xive siècle (3). Mais le démembrement de ce musée amena leur disparition. Les unes, au nombre de quatre, furent expédiées à la communauté du Calvaire, au Mont-Valérien, où des mains criminelles les brisèrent pendant les journées révolutionnaires de 1830. Telle autre, d'abord transportée dans le parc de Sceaux, trouva ensuite asile dans l'église de Créteil où elle changea de vocable. D'autres enfin, parmi lesquelles un saint Pierre, furent envoyées, avec quelques débris de fer et de pierre, dans les chantiers de la basilique de Saint-Denis où on les vit longtemps. Lors de la réfection totale de l'édifice de Louis IX, vers 1850, on songea à faire rentrer ces statues, mutilées ou non. Si quelques morceaux manquaient, on restaurait; on refit complètement à nouveau ce qui avait disparu, sans laisser de trace. Il serait à peu près impossible aujourd'hui de constater la part exacte du vieux et du neuf, si le baron de Guilhermy, qui fut un témoin impartial et compétent, n'était pas là pour nous renseigner: d'après lui,

---

(1) Portant chacun une croix de consécration en forme de monstrance s'ajustant sur un disque muni de son pied.
(2) Les deux autres furent brisées.
(3) Lenoir fit enlever en même temps le jubé, les escaliers et diverses boiseries.

les quatrième et cinquième apôtres, tant du côté nord que du côté du midi (à partir de la porte d'entrée), seraient les seuls authentiques : quatre artistes, Delarue, Pascal Perrey et Geoffroy Dechaume se sont chargés de la reconstitution des autres statues, en utilisant notamment les fragments de quatre autres qui appartiennent à présent au Musée de Cluny (1).

« Ces fragments peuvent être attribués au XIII° siècle, à la période contemporaine de la construction même ; il n'en paraît pas être de même des figures remises en place, d'une interprétation un peu différente et d'un art un peu plus recherché, qui appartiendraient au règne de Philippe le Bel. Quoi qu'il en soit, ces statues d'apôtres, où l'on admire une noblesse d'expression, une science des draperies, une largeur d'exécution incomparables, sont capables d'affirmer la supériorité de la statuaire française dans son plus haut degré de perfection, au même titre que les sculptures plus célèbres des cathédrales de Reims et de Chartres.

« Le dallage historié est tout moderne, d'après les dessins de Bœswillwald et Steinheil : il se compose de morceaux de pierre dure, gravés en creux et où ont été incrustés des mastics de couleurs variées ; sur les larges bandes qui les divisent à intervalles réguliers, s'enlacent des rinceaux feuillagés qui encadrent des oiseaux, des quadrupèdes et des emblèmes héraldiques : on a emprunté, du côté de l'abside, les quatre fleuves du paradis terrestre, symboles de la grâce divine et de l'autre, l'Eglise assise, une coupe à la main, près d'un rocher d'où jaillissent, en forme de sources, les sept sacrements destinés à la régénération de l'humanité.

« A droite de l'autel une piscine d'une rare élégance (2),

(1) N°˙ 79 à 82 du Catalogue : Cf. *Gazette archéologique*, VIII (1883), p. 159.
(2) Elle est reproduite dans la *Revue Archéologique* (1848) I. Pl. XCVII, dessin de Ch. Saunier.

contemporaine de l'édifice, attirerait davantage les regards si elle était placée moins dans l'ombre ; elle a cependant 3 mètres de haut sur 2 de large : la table est ornée d'une ceinture de branchages enlacés où de place en place on aperçoit de petits oiseaux d'une délicatesse charmante, et posée sur trois colonnes à chapiteaux sculptés et à colonnettes adossées ; au-dessus de la table, d'autres colonnes finement décorées, au nombre de cinq, supportent les retombées des arcs où sont inscrits des médaillons et contre lesquelles émergent des gâbles fleuronnés : et comme couronnement de l'entablement, deux plus grands médaillons quadrilobés, autrefois ornés de verre émaillé, sont accompagnés de trois anges dont un porte des couronnes royales, les autres des encensoirs. On ne se lasse pas d'admirer le goût qui a présidé à cet ensemble de sculpture décorative.

« Vis-à-vis, à gauche de l'autel, une sorte de niche creusée dans le mur offre un excellent exemple de crédence, armoire où l'on avait l'habitude de déposer des livres de chœur et de prières. »

Nous nous réservons de parler dans un autre chapitre des orgues, des reliques et des verrières. Nous continuons nos emprunts au livre de Henri Stein : »

« Depuis le règne de Henri II jusqu'à la Révolution, la nef était séparée du chœur, à la hauteur de la quatrième travée, par un jubé (1), charmante et fine boiserie de style Renaissance, qui ne souffrait pas trop de l'ambiance (2) et contre laquelle, de chaque côté d'une porte ajourée à deux vantaux, venaient s'adosser deux autels latéraux qui ser-

(1) Les jubés sont assez rares dans nos églises parisiennes. Nous n'en connaissons pas d'autre que celui de Saint-Etienne-du-Mont (l'auteur).

(2) Les panneaux en étaient très ornés ; on peut juger de l'effet par la gravure publiée dans l'ouvrage du chanoine Morand (Henri Stein).

vaient au culte, et où en guise de retable étaient placés les deux émaux de L. Limosin, peints en 1553, d'après des dessins du Primatice, que le Louvre a heureusement recueillis. A hauteur de cette séparation, on aperçoit encore, sous la troisième fenêtre, de chaque côté, une arcade surbaissée qui a été pratiquée dans l'épaisseur des murs. Ces deux grandes niches, à riches archivoltes, étaient des places d'honneur, où se tenaient d'ordinaire le trésorier et le chantre, accompagnés des chanoines et chapelains et que l'on réservait pour les grands seigneurs de la cour, lors des cérémonies particulières qui se déroulaient à la Sainte-Chapelle. »

« Le chœur était garni de stalles en boiseries, qui portaient le chiffre du roi Henri II. Quant au maître autel, également disparu (1), il paraissait contemporain de la construction primitive : une longue table de pierre, ornée de sculptures très sobres, s'appuyant sur trois colonnettes et ayant pour fond une dalle posée sur champ. Aux quatre angles de l'espace indiqué par les deux marches de l'autel, Henri III avait fait édifier quatre colonnes de marbre noir, portant des anges de bronze : ouvrage probable de Germain Pilon, dont la haute chapelle possédait aussi une statue de la Vierge, en terre cuite, placée sur une console adossée à la paroi gauche de la nef, dans la première travée, et que l'on distingue

---

(1) Viollet-le-Duc en donne un dessin dans son *Dictionnaire d'architecture*.
— On prétend que les débris de cet autel très mutilés ont été déposés au Musée des Beaux-Arts. Nous nous rappelons que pour dire la messe rouge (messe du Saint-Esprit) à la rentrée des Tribunaux, un autel portatif était emprunté à Notre-Dame, jusqu'en 1901, année de la suppression de cette cérémonie (l'auteur).
— Nous arrêterons là nos longues citations guillemetées et empruntées à Henri Stein. Nous ferons remarquer que nous ne pouvions puiser dans une notice archéologique plus documentée et plus savante. Les auteurs ne sont-ils pas comme les abeilles qui butinent les meilleures fleurs (l'auteur).

aisément sur les gravures antérieures à la Révolution. Cette Vierge à été heureusement conservée, comme on le verra plus loin.

CHAPITRE II

Description générale (*Suite*). — La flèche. — Les cloches. — Les verrières. — Les orgues (1299-1672). — Dépenses de construction.

La première flèche de la Sainte-Chapelle remonte à Louis IX (1248). — Quels étaient son aspect, ses dimensions, sa décoration ? Nous l'ignorons. On ne sait qu'une chose de cette flèche qui certainement devait être en harmonie avec la merveille qui la supportait, c'est qu'à un moment donné le bois en était pourri et qu'elle a dû être remplacée.

C'est sous Charles VI (en 1383), qu'une flèche en bois et plomb fut substituée à celle de Louis IX. Elle était considérée comme un chef-d'œuvre de Robert Fouchier, maître charpentier du roi. Elle figura sur les miniatures de Pol de Limbourg, dès qu'elle fut terminée.

Sous Charles VII, et peu de temps avant sa mort (en 1460), l'œuvre de Robert Fouchier avait fait place à une autre flèche qui fut incendiée au xviie siècle.

On possède, à la Bibliothèque Nationale (1), des documents précis à cet égard, desquels il résulte qu'un tailleur d'ima-

(1) D'après le manuscrit français 9152. F° 89.
Nous possédons une reproduction d'un dessin Chapuy (1832).
« La Sainte-Chapelle avant la construction de la flèche par Viollet-le-Duc ». Le dessin donne l'édifice naturellement sans flèche, mais avec l'escalier extérieur qui a disparu en 1850, paraît-il.

ges demeurant à Tours, Guillaume Brassefort, avait été mandé à Paris, « pour veoir et visiter le clochier qui de présent se fait à la Sainte-Chapelle du Palais de Paris, afin de marchander avecques lui de faire plusieurs ymages qu'il faudra faire autour dudit clochier. »

Or la flèche de Brassefort est celle que l'on voit sur le dessin de Chastillon et sur celui de Jacques Cellier, vers 1583 (1).

L'incendie de 1630, sur lequel nous aurons l'occasion de revenir, donna lieu, en ce qui concerne le clocher, à une supplique au roi par le trésorier Gabriel de Marand et douze chanoines, pour sa reconstruction, car il s'était effondré.

C'est alors sous Louis XIII, en 1634, qu'une nouvelle flèche fut placée sur la Sainte-Chapelle, où elle figura jusqu'à la Révolution, en 1791.

Les travaux de restauration marchèrent très lentement : c'est seulement en 1666 pour la première fois, et à l'occasion d'un service funèbre célébré pour Anne d'Autriche, que les nouvelles cloches sonnèrent.

La couverture de plomb qui devait recouvrir la charpente du clocher ne fut achevée qu'en 1671.

La flèche fut respectée jusqu'en 1790, puis sa couronne, ses fleurs de lys et le monogramme royal qui y figuraient furent considérés comme si dangereux pour le nouvel ordre de choses que l'on songea à faire disparaître le tout. On parla de démolition, mais les échafaudages nécessaires auraient été trop coûteux. L'architecte municipal Poyet « se borna à faire démonter la flèche, en donnant en compte à l'entrepreneur les matériaux qui en proviendraient, en l'as-

(1) Le vendredi 26 juillet 1630. — Sur les quatre heures de relevée le feu avait pris à la couverture et au clocher par la faute des plombiers qui y travaillaient. Lorsqu'on arriva pour porter secours, le clocher s'écroula. (D'après Desmaze, conseiller à la cour d'appel.)

treignant à remplir et à recouvrir le vide que laisserait la flèche (1) ».

Une des trois cloches fut conservée, et l'adjudication eut lieu le 7 août 1793. Six mois étaient accordés pour la démolition.

Jusqu'en l'année 1853, la Sainte-Chapelle n'eut plus de flèche. On reconnut alors qu'il était indispensable pour la beauté de l'édifice de la rétablir et l'on prit pour modèle celle qui existait avant l'incendie de 1630. C'est l'élégante flèche qui domine encore les constructions entourant si malencontreusement la Sainte-Chapelle, mais qui se verra cependant, dit-on, lorsque les nouveaux bâtiments du Palais donnant sur le quai des Orfèvres seront terminés, en 1914 (2).

Elle est en bois de cèdre, revêtue de plomberies exécutées au marteau, dans le style du xve siècle (3). Trois étages octogones supportent l'aiguille. A l'étage inférieur, une base octogone, divisée en un système d'arcatures trilobées, porte les statues en pied des douze apôtres ($2^m,50$ de haut) et parmi eux saint Thomas, qu'une équerre distingue en guise d'attribut, reproduit les traits de l'architecte Lassus, ainsi que le constate une inscription. Sur les pilastres à larmiers des quatre principales divisions de ces arcatures rampent des chimères ; les angles sont butés par de gracieux contreforts saillants avec étrésillons dont les pieds droits ornés de fleurons sont taillés en aiguille (4).

(1) Archives Nationales. M666. (Lettre du 31 mai 1793).
(2) Construction d'Albert Tournaire, architecte du Palais.
(3) On trouvera des relevés, des élévations des plans et des détails de toutes les parties de la Sainte-Chapelle alors restaurée dans les tomes VI (1856) et VII 1857) de *l'Encyclopédie d'Architecture* de P.-V. Calliat et Ad. Lance. On trouvera une vue de la Sainte-Chapelle avant le rétablissement de la flèche, dans l'ouvrage de Sauvan et Schmit, ainsi que dans le *Magasin Pittoresque*, II, 1834, p. 121.
(4) Henri Stein.

On y voit également à l'étage supérieur des anges portant les instruments de la Passion, l'aiguille toute émaillée d'un semis de fleurs de lys dorées, un ange en plomb de 3 mètres tenant une croix processionnelle et dominant tout l'édifice.

Les rares visiteurs admis à voir de près cette flèche sont émerveillés de tant de beautés dues à l'architecte Lassus, secondé dans sa tâche par d'habiles auxiliaires.

Les cloches. — Il y avait autrefois cinq cloches dans le clocher, fondues sur les tons et notes de sol, fa, mi, ré, ut et bénites en 1738; la première, Marie-Louise, avait été nommée par le roi et la reine; la seconde, Louise-Elisabeth, par le Dauphin et la Dauphine; la troisième, Anne-Louise-Henriette, par Henriette de France et le duc d'Orléans; la quatrième, Marie-Adélaïde-Louise-Philippe, par Adélaïde de France et Louis-Philippe d'Orléans, duc de Chartres; la dernière, Anne-Aymar, par le premier président Aymar de Nicolaï et la duchesse de Fleury. Tout cet ensemble a disparu pendant la Révolution (1).

Elles ont remplacé quatre autres cloches fondues en 1665 par Laurent Le Guay et nommées Louise-Anne (par Louis XIV et Anne d'Autriche), Marie-Philippe (par Marie-

---

(1) L'ancienne charpente de la flèche, au dire de Morand, passait déjà pour une des plus belles et des plus hardies de Paris. Le clocher penchait légèrement, mais ce défaut provenait de l'exécution du travail et non du dessin. Sauval prétend qu'il portait à faux sur ses abouts et enrayures. La Sainte-Chapelle était si légère, si élancée, si miraculeuse, disent les chroniqueurs, que les jours de fête, quand les sept cloches étaient en branle, tout l'édifice remuait (Desmaze). Sur les mascarons placés à différents endroits des combles sont reproduits les traits de Geoffroy Dechaume, sculpteur, de Bellu, m⁰ Charpentier, de Pyanet, ornemaniste, de Durand, m⁰ plombier et de quelques autres conducteurs de l'œuvre (Henri Stein).

Thérèse et Philippe, frère du roi), Henriette (par Nicolas Nicolaï et la duchesse Louise de la Motte-Houdancourt, gouvernante des enfants de France). Cf. *Archives Nationales*, LL. 633.

Les Verrières de la Sainte-Chapelle. — En la voyant enchâssée dans ses minces et élégants piliers, on dirait moins une œuvre d'architecture qu'un bijou finement sculpté. Quinze fenêtres où d'éblouissants vitraux racontent les actes de l'Ancien et du Nouveau Testament éclairent le maître autel, que surmonte la plate-forme « où se tenait saint Louis, lorsque, aux jours de fête, il montrait au peuple les reliques et les châsses conservées dans le trésor » (A. de Champeaux).

Chaque fenêtre est encadrée de jambages n'ayant pas plus d'un pied d'épaisseur et que surmonte chacune, comme nous l'avons dit, une figure d'apôtre. Une grande rosace dont les peintures ont été refaites, notamment sous Charles VII, domine la porte principale de la chapelle haute (1).

Au début du xive siècle la Sainte-Chapelle dut subir diverses transformations. La partie inférieure de la plupart de ses vitraux fut remplacée par un espace plâtré jusqu'à une hauteur de trois mètres. Cet acte de vandalisme rendit difficile la restauration ultérieure et donna lieu à des interversions dans l'ordre des sujets. Ainsi sur une des verrières on lisait une date, 1753. Des artistes de talent, soigneux, attentifs firent relever fenêtre par fenêtre et les reproduisirent par de fidèles copies de la grandeur de l'original. Ce délicat travail fut mis au concours et ce fut Henri Gérente qui se le vit attribuer par la commission compétente. Cet artiste décéda peu de temps après; le

---

(1) *Le Palais de Justice de Paris* par la Presse Judiciaire parisienne (1892).

peintre verrier Steinheil, dont nous avons déjà parlé, ainsi que Lassus, architecte, furent désignés pour le remplacer.

Nous avons sous les yeux l'énumération complète des scènes de l'Ancien et du Nouveau Testament figurant sur les quinze fenêtres citées.

Nous pensons qu'il suffira d'indiquer au lecteur une énumération très réduite, mais qui fixera tout de même son esprit sur l'importance de ces verrières (1).

La fenêtre de la nef, au nord, comprend quatre-vingt-onze sujets. Ils se suivent dans l'ordre suivant : la Genèse, la Création du monde en six jours, Création de l'homme et de la femme, etc.

La deuxième fenêtre (121 sujets). L'exode, l'histoire de Moïse. Le buisson ardent, etc.

La troisième fenêtre (97 sujets). Le livre des Nombres. Les princes des tribus assis sur des trônes avec les insignes de l'autorité suprême, etc.

La quatrième fenêtre (65 sujets). Le Deutéronome. La nouvelle promulgation de la loi, etc.

La cinquième fenêtre, première de l'abside (32 sujets). Les Juges. Aod et Débora. Défaite des Moabites, etc.

La sixième fenêtre (?). Les Prophéties. Isaïe reprochant au peuple l'adoration des divinités étrangères, etc.

La septième fenêtre (32 sujets). Légende de saint Jean l'Évangéliste. Naissance de Jésus-Christ, etc.

La huitième fenêtre au chevet (57 sujets). Le Christ en sa gloire, au milieu du chœur des apôtres et des anges. Scènes de la Passion.

La neuvième fenêtre (30 sujets). Naissance de saint Jean-Baptiste. Sa prédication. Baptême de Jésus, etc.

(1) On peut compléter par la lecture de la Bible ou celle du *Palais de Justice et la Sainte-Chapelle* de Henri Stein.

La dixième fenêtre (30 sujets). Actions et prophéties d'Ezéchiel. Vision de la gloire de Dieu. Idolâtrie du peuple, etc.

La onzième fenêtre (30 sujets). Histoire de Jérémie, etc.

La douzième fenêtre (63 sujets). Histoire de Judith, etc.

La treizième fenêtre (120 sujets). Histoire d'Esther, etc.

La quatorzième fenêtre (121 sujets). Histoire d'Héli et de Samuel. L'arche du Seigneur tombe aux mains des Philistins, etc.

Enfin la quinzième fenêtre (67 sujets) (1). Légende de la Croix depuis la découverte qui en fut faite par sainte Hélène jusqu'au jour où elle fut déposée dans le trésor de Constantinople. Acquisition des reliques de la Passion par Louis IX. Le roi de France recevant les reliques de France, portant pieds nus, avec son frère, le brancard sur lequel elles sont placées, assistant avec sa mère à l'ostension de la Sainte Couronne, donnant audience à un messager de l'empereur Baudouin, portant sur une nappe la croix byzantine à double traverse qui contient le bois sacré. Consécration de la Sainte-Chapelle (2).

La rosace. — On ne peut se lasser d'admirer cette belle rosace de style flamboyant qui remplit toute la largeur de

---

(1) Cette quinzième fenêtre était en très mauvais état. La plupart des sujets ont été refaits complètement. Les verriers primitifs avaient peint des personnages contemporains et reproduit des événements de l'époque pris dans la Cité.

(2) D'après F. de Guilhermy. *Description de la Sainte-Chapelle* (6ᵉ édition 1884). Cf. F. de Lasteyrie. *La peinture sur verre* (Paris, 1857, in-folio), p. 159-172, qui a examiné ces vitraux avant les travaux, et déclaré qu'il y avait intérêt pour l'avenir à constater l'état actuel de cette admirable vitrerie et à en reproduire quelques parties (pl. XXVIII-XXIX) avant qu'une restauration moderne ait fait perdre sinon son caractère, du moins sa précieuse authenticité.

la partie haute, à l'entrée de la chapelle. C'est naturellement du fond de l'édifice, tournant le dos à l'emplacement du maître autel, et même monté vers les deux marches existantes, par un beau soleil, que nous l'avons le plus souvent contemplée. Ses couleurs vives, ses dessins expressifs en font un des chefs-d'œuvre de peinture sur verre du xiiie siècle.

Cette adorable rosace date de Charles VII ; elle représente diverses scènes et visions de l'Apocalypse. Nous l'avons décrite plus haut.

Les autres verrières précédemment indiquées sont contemporaines soit de Louis IX, soit de Philippe le Bel.

Dans l'acte de seconde fondation de la Sainte-Chapelle, en août 1248, le roi a pris soin de préciser qu'il entendait réserver un fonds spécial sur les revenus de l'église pour l'entretien et la restauration de ces verrières, chaque fois que cela serait nécessaire.

Diverses restaurations, en effet, eurent lieu. Une des dernières, sous l'ancien régime, est due à Guillaume Brice, peintre verrier de Paris, qui, d'après Pierre Levieil (1), fut chargé par le chapitre de réparer toutes les verrières qui avaient souffert des injures du temps. Il les refit donc, paraît-il, en plomb neuf.

Les orgues. — On peut voir à la Bibliothèque Nationale (Cabinet des Estampes) un dessin de Jacques Cellier, représentant les anciennes orgues de la Sainte-Chapelle. Ce dessin donne une haute idée de l'importance artistique de leur composition. Il porte à droite une inscription assez difficile à lire qui est la suivante :

« Ce sont les orgues de la Sainte-Chapelle de Paris, portraitées selon qu'elles sont présentement »

On nous dit qu'il existait déjà des orgues en 1299, qui

---

(1) *L'art de la peinture sur verre*, Paris 1774.

furent remplacées à une époque inconnue. Toutefois, on en installa de nouvelles en 1493, qui jouèrent, pour la première fois, le jour de la Sainte-Madeleine.

Les anciennes furent cédées pour quatre cents livres à Notre-Dame-de-Poissy, et sous le règne de Henri II, en 1550, celles de 1493 furent remplacées à leur tour.

Ce seraient celles dessinées par Jacques Cellier que l'on devait à Henri II, dont le chiffre était répété ainsi que le croissant, sur les boiseries du balcon et de la montre que couronnaient des statues d'anges ou de génies musiciens.

Le constructeur présumé de ces orgues, qui les a d'ailleurs réparées en 1570, et travaillait pour Notre-Dame, est le maître fabricant Dargillières (1).

En mars 1672 ces orgues sont visitées à nouveau par deux experts (2) et mises en état, mais en 1697, elles sont encore en mauvais état, et un mémoire demande leur réparation et une augmentation de jeux. C'est alors qu'après avis du Président de la Cour des Comptes, 2500 livres furent affectées à ce travail.

Enfin en 1752, l'architecte Roussel remit à neuf toute la menuiserie du buffet d'orgue exécutée d'après ses dessins par La Vergne. La décoration, ingénieuse et de bon goût (3), fut appréciée telle et les jeux furent complètement transformés et perfectionnés par le facteur Clicquot (4).

Voici, d'après Henri Stein, les noms des organistes qui ont pu être retrouvés : Nicolas du Bois, en même temps maître de grammaire des enfants de chœur († 1509) ; Noël Cybot († 1556); Claude de la Grange ; Henry Bérenger (1570) ; Florent le

---

(1) D'après Michel Brenet. *Les Musiciens de la Sainte-Chapelle.* Cf. Archives nationales, L. 418.

(2) Dont le facteur Hénoc (Archives nationales. LL. 605. F° 31 V°).

(3) Thierry. *Guide des amateurs et des étrangers voyageurs à Paris,* II, p. 26.

(4) Brenet, p. 311.

Bienvenu (1597-1623); La Galle ; Michel de la Guerre (1633-1678) ; Jérôme de la Guerre (1678-1698) ; Marin de la Guerre (1698-1704) ; Jérôme de la Guerre (1704-1738), suppléé par Pierre Février ; Antoine Calvière (1739-1755) ; Réné Drouart de Bousset (1755-1760); Armand-Louis Couperin (1760-1779) et son fils Gervais-François Couperin, qui fut le dernier (1).

Le grand buffet d'orgue de Clicquot fut transporté à Saint-Germain-l'Auxerrois où il est depuis l'inventaire fait à la Sainte-Chapelle en 1790.

Il dégagea ainsi la belle rosace dont il masquait une partie et ne fut pas remplacé.

Dépenses : construction, réparations, transformation et entretien. — La simple énonciation de ces titres suffit pour donner au lecteur l'idée des dépenses colossales occasionnées par la Sainte-Chapelle de Paris.

On comprend heureusement à notre époque l'intérêt historique et archéologique qu'il y a à conserver les belles œuvres anciennes qui sont le patrimoine glorieux de la nation. Le gouvernement de la République s'y applique de son mieux et la Sainte-Chapelle est classée comme monument historique.

(1) Morand (page 35) dit qu'il avait plaisir à venir entendre Couperin qui jouait à certaines grandes fêtes, environ 40 fois par an. — L'organiste était logé dans l'enceinte du Palais : des lettres patentes du 6 mai 1561 et un arrêt de la Chambre des Comptes du 12 juillet 1563, ont précisé et confirmé ce privilège. A un certain moment (1691), par un excès de pruderie, on jugea la discipline ecclésiastique troublée chez les chapelains et les clercs du Palais par la présences de femmes, si des personnes mariées demeuraient plus longtemps près de leur logis (Archives nationales, LL 67, p. 362). Ce fut pour l'organiste une nécessité de déménager, mais cette exclusion ne dura pas. En 1787, on proposa au libraire Prault, chargé du dépôt public des lois, de s'installer dans le logement de l'organiste, mais en 1790, on le trouve occupant une partie de l'Hôtel de la Trésorerie (*Archives nationales*, O¹1692).

Il faut bien espérer que le vandalisme révolutionnaire de 1793, comme celui de la Commune de 1871, ne se reproduiront plus.

Voici dans l'ordre chronologique les renseignements que nous possédons sur les dépenses de la Sainte-Chapelle. Comme on va le voir, ce sont plutôt des indications que des précisions.

D'abord l'édification seule a coûté 40 000 livres tournois (somme énorme pour l'époque). Ce chiffre aurait été révélé par l'enquête de la canonisation du roi saint Louis.

Mais il y a en plus la construction des maisons destinées aux chanoines.

Puis 100 000 livres pour la fabrication de la châsse aux reliques. Achat de l'or et des pierreries l'embellissant.

En suivant nous trouvons :

1299. — Sous Philippe IV, dépenses de peinture.

1318. — Refait la clôture.

1349. — Dépensé 32 livres parisis pour fabrication d'une cloche.

1354 et années suivantes. — Réparation du clocher et de la couverture.

1364. — Don du roi pour urgentes réparations. Guillaume le Mercier obtient une pension annuelle pour visiter périodiquement les cloches.

1485 (le 15 janvier) — Des réparations sont payées par le roi au chapitre : « réparations tellement nécessaires que si l'on n'y prend garde promptement, les murailles, voûtes, mâchicoulis et autres choses de la Sainte-Chapelle pourraient tomber en ruine ».

1689-1690. — Hiver terrible. — Ravage des inondations (1) dans la chapelle basse. — Nécessité de relever toutes les tombes d'un pied. — Enlèvement des balustrades entourant

---

(1) On a peine à se figurer un pareil état de l'édifice.

LE PALAIS DE JUSTICE DE PARIS. ANCIENNE COUR DES COMPTES
(CABINET DES ESTAMPES)

SAINT LOUIS JUSQU'A LA RÉVOLUTION. 43

les six chapelles de la nef et adossement du mur des quatre chapelles de la nef, pour gagner de la place.

Avant il y avait eu l'incendie de 1630, et en 1634 Louis XIII approuva, par lettres patentes du 27 avril, même année, une dépense de réparations, sur un devis de 24000 livres.

Il y eut aussi un incendie dans la nuit du 10 au 11 juin 1776 et des réparations s'ensuivirent.

La flèche actuelle a remplacé celle de saint Louis (1248); celle de Charles VI (1383), celle de Charles VII (vers 1460), et celle de Louis XIII (1634), nouvelles dépenses.

Enfin la Révolution a tout bouleversé à la Sainte-Chapelle, notamment pour en avoir le plomb. Dépenses.

Il reste, en 1857, la restauration complète de Viollet-le Duc et Lassus qui a occasionné des dépenses considérables. Aujourd'hui, il y a l'entretien et les appointements modestes, il est vrai, du personnel : un architecte et deux gardiens préposés à la visite. Quel chiffre colossal pourrait-on mettre au bas de cette notice? Nous l'ignorons!

CHAPITRE III

La consécration solennelle (25 avril 1248). — Les reliques. Aliénation de parties des reliques. — Vols. — Le chapitre. — Le culte. — Les cérémonies. — Les possédés du Diable.

Avant d'entretenir le lecteur de la consécration de la Sainte-Chapelle, il est bon de jeter un coup d'œil rapide sur l'ensemble de l'édifice terminé. Une citation que nous empruntons à Jean de Jandun (1) reflète si bien l'état d'âme de cette époque que nous n'hésitons pas à la donner :

(1) Traduction faite par Le Roux de Lincy. *Paris et ses historiens*, p. 47.

« La Sainte-Chapelle se fait admirer par sa très forte structure et l'indestructible solidité des matériaux dont elle est formée. Les couleurs très choisies de ses peintures, les dorures précieuses de ses images, la pure transparence de ses vitraux qui brillent de tous côtés, les riches parements de ses autels, les vertus merveilleuses de ses sanctuaires, les ornements étrangers de ses châsses décorées de joyaux éclatants, donnent à cette maison de prière un tel degré de beauté, qu'en y entrant on se croit ravi au ciel et que l'on s'imagine avec raison être introduit dans une des plus belles chambres du paradis. »

On se figure aisément, avec un cadre pareil, ce qu'à pu être la consécration solennelle de la Sainte-Chapelle qui a eu lieu le 25 avril 1248, le dimanche de Quasimodo.

Elle s'est accomplie en présence du légat du Saint-Siège, Eudes de Châteauroux et de treize prélats français. La chapelle haute fut dédiée par le légat en l'honneur de la sainte Couronne et de la sainte Croix; la chapelle basse, par l'archevêque de Bourges, sous le vocable de la Vierge.

Des indulgences spéciales furent accordées à tous les fidèles qui visitèrent le nouveau sanctuaire le jour anniversaire de la dédicace ou pendant l'octave.

Deux inscriptions commémoratives de la double dédicace furent gravées sur des pierres et scellées dans le mur occidental de chaque chapelle. Le texte de ces inscriptions nous a été conservé par Du Breul (1).

Les Reliques. — Dans la Sainte-Chapelle, par lui ainsi édifiée, ornée et embellie, saint Louis plaça non seulement les reliques qu'il avait acquises, mais les ouvrages de piété qu'il avait pu recueillir (2). On peut encore aujourd'hui

(1) *Théâtre des Antiquités de Paris*. Édition de 1612. L. I, page 137.
(2) Desmaze.

LA SAINTE-CHAPELLE DE PARIS. LE RELIQUAIRE
(XIIIe SIÈCLE)

SAINT LOUIS JUSQU'A LA RÉVOLUTION.   47

donner la liste exacte des reliques qui furent déposées à la Sainte-Chapelle pendant plus de cinq siècles, et présentées à la vénération des fidèles.

Il y eut d'abord la sainte Couronne d'épines provenant du Bucoléon, dont l'arrivée à Paris date de 1239 et qui se trouve actuellement dans le trésor de Notre-Dame. De nos jours, le Vendredi Saint, la sainte Couronne contenue dans une couronne de verre est vénérée par les nombreux fidèles qui se rendent à la cathédrale de Paris et l'embrassent comme on embrasse le crucifix.

Après la sainte Couronne, la Sainte-Chapelle possédait : un grand morceau de la vraie Croix (même origine) dont le reliquaire seul à été conservé (même trésor); la sainte Lance et la sainte Eponge (disparues en 1804), le manteau de pourpre, détruit en 1792 et le saint sang (trésor de Notre-Dame) : tous ces objets provenant du Bucoléon et transmis en 1241 (1). Une grande quantité d'autres souvenirs des lieux saints, disparus pour la plupart, provenant de Sainte-Sophie de Constantinople, du Bucoléon ou d'autres églises ou couvents et dont voici la liste d'après Riant (2) :

Les « drappeaux d'enfance », un petit morceau de la vraie Croix, le saint-sang de Béryte, le « Carcan », la sainte Toëlle, un fragment de la pierre de Sépulcre, le lait de la Vierge, un fragment du saint Suaire, le linge du lavement des pieds, la verge de Moïse, l'occiput de saint Jean Baptiste, les chefs de saint Clément et de saint Siméon, le Titre de la

---

(1) *Mémoires de la Société des Antiquaires de France.* XXXVI, 1875. PP. 180-185.

(2) La translation de ces reliques a fait l'objet d'une relation de Gérard, moine de l'abbaye de Saint-Quentin-en-l'Ile (Bibliothèque nationale. Ms. nouv. acquis latines, 1423. F. 172) : elle a été publiée dans le *Journal des Savants*, 1878, p. 298, et dans la *Bibliothèque de l'école des Chartes*, XXXIX, 1878, p. 408.

Croix, un fragment du Roseau, la Croix triomphale, le manteau de la Vierge, le Sceptre romain (transformé en bâton cantoral) et le grand Camée : de tout cela il ne subsiste que le fragment du Sépulcre et les deux derniers objets, œuvres d'art et de haute valeur, qui ont été déposés au cabinet des Médailles. (Bibliothèque Nationale).

D'après le chroniqueur Le Nain de Tillemont, auteur de *la Vie de Saint-Louis*, plusieurs de ses successeurs montraient solennellement la vraie Croix au peuple, tous les ans, le Vendredi Saint. Des enfants, pendant la Semaine Sainte, quêtaient près des reliques, en faveur des prisonniers de la Conciergerie, du grand Châtelet et du Fort-l'Evêque.

Depuis la fondation, dit Henri Stein, les clefs de la grande châsse étaient gardées par le roi lui-même, qui déléguait à leur conservation un de ses principaux officiers. Lorsque Charles VIII partit pour l'expédition de Naples, il les confia à Florimond Robertet : le 18 mars 1534 seulement, François Ier en donna décharge à la veuve de ce dernier, Michelle Gaillart, et le même jour François de Montmorency en fut, à son tour, dépositaire, avec ordre de procéder à l'inventaire de son contenu (1).

En 1589, lors de la mort violente de Henri III, on le trouva porteur desdites clefs. Aussitôt, par mesure de précaution, on remplaça, en août 1589, les deux cadenas de la grande châsse.

Aliénation des parties des saintes reliques. — Vols. — L'aliénation commença avec saint Louis qui fit don, en 1248, à l'archevêque de Tolède de quelques fragments (une épine

(1) Félibien Lobineau, III, p. 149. Le 1er février 1535, le trésorier de l'Épargne remit au payeur des œuvres du roi à Paris, Pierre Gronneau, 200 livres pour faire réparer les châsses des saintes reliques (*Catalogue des actes de François Ier*, III, n° 7503).

de la sainte Couronne, une parcelle de suaire, de la robe de pourpre du Christ, du bois de la Croix, etc.) et le médecin du roi reçoit semblable cadeau quelques années après.

Il serait trop long de mentionner tous les couvents et personnages qui jouirent de ces générosités. Citons seulement : les Mathurins de Paris, les frères mineurs de Sées, l'évêque de Vicence, l'abbaye du Mont Saint-Eloi, l'abbaye de Saint-Maurice d'Agaune, les frères prêcheurs de Barcelone et ceux de Liége, etc.

Le riche joyau connu sous le nom de camaïeu fut offert au pape par Philippe VI qui invita les gens des comptes à le rayer de l'inventaire des reliques; Charles V octroie à son frère, le duc de Berri, un fragment du bois de la Croix.

En 1576, cinq gros rubis balais, d'une valeur de 260 000 écus, furent retirés du reliquaire de la couronne d'épines et engagés en nantissement des sommes prêtées pour les nécessités de l'Etat (1). Ceci se passait en présence de la reine mère, du cardinal de Guise et du premier président de la Chambre des Comptes.

En 1672 la reine Marie-Thérèse fit couper par l'orfèvre Pierre Loir un petit morceau de la vraie Croix destiné au duc d'Anjou « pour le préserver de fâcheux accidents ».

Puis des vols furent commis, malgré toutes les précautions minutieuses qui furent prises. En 1534, on constata la disparition d'une grande partie du bois de la vraie Croix, conservée « dans une grande layette d'argent », mais ce furent les aliénations ouvertement, ou secrètement opérées par les rois qui portèrent le plus grand préjudice à la richesse du trésor de la Sainte-Chapelle.

Ainsi, en 1562, Charles IX ordonna un prélèvement des matières d'or et d'argent parmi les joyaux les moins précieux qui furent envoyées à la Monnaie pour être fondues. Procès-

---

(1) Lire Morand, p. 195 et suivantes.

verbal fut dressé de ce prélèvement par les commissaires de la Chambre des Comptes. Les chanoines s'étaient engagés d'ailleurs, une fois remboursés des sommes représentant la valeur des objets ainsi détruits, à en faire l'emploi sous forme de reliquaire identique ; mais il n'en fut rien.

Un vol important eut lieu, en 1575, dans la nuit du 9 au 10 mai. Le reliquaire de la vraie croix fut dérobé (1). Une vive émotion s'empara de la population, la police fut mise en mouvement et n'aboutit aucunement.

Les racontars firent leur chemin : partout on disait que le vol n'était qu'une feinte, que le roi poussé par sa mère avait engagé le précieux objet en Italie pour une grosse somme d'argent. Une prime de 500 écus fut alors promise à toutes les personnes qui apporteraient un renseignement utile au prévôt des marchands pour le mettre à même de découvrir et d'arrêter le coupable. Les capitaines et gardes des portes fouillèrent avec une diligence extrême les gens suspects qui sortaient de la ville ; les capitaines de la rivière avaient reçu aussi des ordres très sévères et enfin le chevalier du guet fut invité à placer trois archers devant la porte de la Sainte-Chapelle.

Pour calmer l'émotion populaire, Henri III prescrivit d'abord une procession générale, puis fit exécuter un reliquaire semblable à celui qui avait disparu.

L'année suivante, le roi faisait enlever, ostensiblement, cinq rubis des reliquaires, c'est-à-dire pour une valeur de 780.000 livres.

Nous voyons ensuite qu'en 1589, les chanoines payèrent au duc de Mayenne une somme de 1330 écus pour sauver leur trésor, et qu'en 1591 et 1592, de nouvelles aliénations furent consenties par la Chambre des Comptes.

Des reproductions diverses font connaître la grande châsse.

---

(1) *Archives nationales*, LL. 594, F° 37.

La plus ancienne est celle qui figurait dans le missel détruit de J. Jouvenel des Ursins (xve siècle) (1) ; un exemplaire d'une image populaire, datant du xvie siècle, a été conservé au Cabinet des Estampes de la Bibliothèque Nationale ; Morand l'a également publiée (2).

Nous avons dit que malgré des précautions minutieuses les vols ne pouvaient être évités. Ainsi un orfèvre était chargé des réparations, mais il devait d'abord prêter serment. A la mort d'un trésorier, les clefs étaient confiées à un greffier ou à des chanoines, jusqu'à la nomination du successeur, et, à l'entrée eu charge de chaque nouveau trésorier, on procédait à un nouvel inventaire.

Henri Stein nous en donne les dates, d'après M. A. Vidier (1907-1908), Mémoires de la Société de l'Histoire de Paris. Le premier inventaire date de 1279, le dernier est de l'année 1783.

Nous verrons dans la deuxième partie de ce travail, au chapitre 1er, quel était l'état de la Sainte-Chapelle au moment de la Révolution, et les mesures déplorables qu'elle prit à son sujet, foulant aux pieds toutes les considérations qui nous font aujourd'hui respecter le grand art de l'architecture nationale.

Le chapitre. — Le culte. — Les cérémonies. — En l'an 1320, une charte de fondation composait le chapitre de la façon suivante : un trésorier, douze chanoines, six chape-

---

(1) Exécuté en 1426, pour le duc de Bedfort, et disparu dans l'incendie de l'Hôtel de Ville de Paris allumé par la Commune en mai 1871. Cf. Didot. Missel de J.-J. des Ursins (Paris 1861, in-8), *Gazette des Beaux-Arts*, août 1846, et recueil lithographié de Du Sommerard (I, II, 7e série, pl. XXI).

(2) Cf. encore le *Bréviaire à l'usage de Paris* (xve siècle), Bibliothèque de Châteauroux (MS. n° 2) : Vue de la Sainte-Chapelle. La châsse, présentation des reliques, etc.

lains perpétuels, sept chapelains ordinaires, treize clercs et marguilliers (1).

De son côté Henri Stein donne les précisions que voici : le collège des dix-sept ecclésiastiques fondé par le roi pour la garde des reliques fut chargé de desservir la Sainte-Chapelle et honoré par la suite de nombreux privilèges : au lieu d'être soumis à la juridiction de l'évêque de Paris, il releva dès 1320 directement de l'autorité pontificale. Les chapelains et marguilliers reçurent le titre de chanoines par lettres patentes de 1318; le trésorier, sorte d'archi-chapelain assimilé à un évêque dans l'enceinte du Palais, fut décoré de la mitre et de l'anneau en vertu d'une bulle de Clément VII (30 avril 1380).

L'organisation définitive de ce corps avait été donnée par une charte datée d'Aigues-Mortes (août 1248). Elle fut respectée jusqu'à la Révolution, sauf quelques modifications de détail apportées par édits de Charles VI, 18 juillet 1401, et de François Ier de janvier 1524. En 1319, Philippe V avait créé un suppléant au trésorier, qualifié de chantre et dont la fonction consistait à s'occuper de la discipline liturgique du chœur. Suivant des lettres patentes de Louis XIII (1621) le trésorier devait toujours être prêtre, et ses droits sur les autres fonctionnaires lui furent confirmés. Il disait la messe rouge pour la rentrée du Parlement ou, à son défaut, le chantre ou enfin avec sa permission formelle cet honneur était confié à un évêque.

On peut donner aujourd'hui une liste des trésoriers plus exacte que celle qui figure dans l'ouvrage du chanoine

---

(1) D'après Desmaze, la *Sainte Chapelle* (Dentu 1872). Charles V, dit Etienne Pasquier, « obtint du pape la permission au trésorier d'icelle (la Sainte-Chapelle) d'user de mitre, anneaux pontificaux (excepté la crosse) et donner bénédiction tout ainsi qu'un évêque célébrant le service divin dedans le parvis de cette Sainte-Chapelle ».

Morand, mais nous ne croyons pas utile de le faire. Il suffira de savoir qu'elle existe, depuis 1248 à 1790. Le premier trésorier fut M⁰ Mathieu, le dernier Louis-Joseph de Moy.

Quant aux chanoinies elles furent au nombre de douze :

1ʳᵉ chanoinie, rue de Nazareth (1248).

2ᵉ chanoinie (1248).

3ᵉ chanoinie, vis-à-vis la rue de Nazareth (1248).

4ᵉ chanoinie contiguë à la Trésorerie (1248).

5ᵉ chanoinie (1248).

6ᵉ chanoinie. Rue de Galilée (1248).

7ᵉ chanoinie (1248).

8ᵉ chanoinie. Fondée par Philippe le Bel (au bas de l'escalier de la Chambre de Comptes, devant le portail de la Sainte-Chapelle) (1314).

9ᵉ chanoinie. Fondée par Philippe le Bel (1314).

10ᵉ chanoinie. Fondée par Philippe le Bel (1314).

11ᵉ chanoinie. Fondée par Philippe le Bel (1314).

12ᵉ chanoinie. Fondée par Philippe V (1318).

Nous avons également la très longue liste des chanoines. Il n'est pas sans intérêt de faire connaître quelles étaient les ressources de ce nombreux personnel de la Sainte-Chapelle.

A ses gages fixes, venait s'ajouter le produit éventuel des offrandes, des émoluments spéciaux aux obits et aux jours de fête, et le bénéfice de l'exemption temporaire des décimes extraordinaires.

D'autre part, un chapelain ou un chanoine était tenu de pourvoir pour sa part aux frais d'entretien, de luminaire et de réparation des verrières.

Au XIVᵉ siècle leur revenu annuel était estimé à 140 livres (1), mais beaucoup d'entre eux cumulaient cette charge avec d'autres. Ils étaient logés obligatoirement au Palais, mais

(1) Le revenu du trésorier était double. Les bénéfices subissaient, en cas de guerre ou d'épidémie, une dépréciation parfois assez considérable.

généralement leur logement était étroit et insalubre. Aussi le désertaient-ils, puisqu'en 1441, il n'étaient plus que cinq à habiter au Palais (1). « les autres demourez à la Court et ailleurs où ils ont leur estat et provision ».

Au commencement du xviii⁰ siècle, la dignité de trésorier valait 7000 livres et celle de chantre 200 livres du revenu ordinaire d'un canonicat.

Il existait donc 12 canonicats (trésorier à part). Sept dataient de l'origine, quatre du règne de Philippe IV et un du règne de Philippe V. Ces canonicats valaient une rente de 2000 à 4000 livres. Si l'on peut s'en rapporter à un document de 1661, certains de ces chanoines vivaient bien, avaient carrosse et écuries pour quatre chevaux.

Une partie du revenu du chapitre consistait en vins du territoire de Reims.

Chaque chanoine percevait un muid par an.

Le personnel de la Sainte-Chapelle se complétait par un chantre et des chapelains, un sonneur, huit enfants de chœur ; un maître de musique et maître de grammaire (qui pouvaient être tous deux chapelains ou clercs) et quatre huissiers.

Il y eut un sonneur, mais était-il toujours exact ? On peut en douter, car le chapitre dut acheter à l'un d'eux, Jean Bonfillieux, en 1506, un réveille-matin (2). Les convenances ne furent pas toujours observées, pendant les offices, car en 1475 on dut faire défense de porter ni patins de bois, ni galoches pendant le service et les processions, le jour comme la nuit (3).

En 1521, trois fonctions d'appariteurs ou sergents furent créées pour la garde des portes du chœur et la surveillance des offices (4).

(1) Ces logements étaient échelonnés, près de la Trésorerie, rue de Nazareth et rue de Galilée.
(2) Archives nationales, L. 612, F° 28 V°.
(3) *Idem*. LL. 609. F. 15 V°.
(4) Catalogue des actes de François I⁰ʳ. L. N° 1317. Les vols

On constate aussi, le 17 janvier 1785, que la messe n'a pu être chantée faute de personnel. Des actes peu recommandables avaient été antérieurement commis ; tels en 1458, un marguillier vicaire accusé d'avoir dérobé des perles à des chapes est mis en prison ; puis en 1757, un vicaire de la basse chapelle, arrêté comme tenant à Arcueil une imprimerie clandestine (1).

L'esprit de chicane, les procès, les rivalités sont si communs chez les chanoines et chapelains que nous ne pouvons passer sous silence ce qu'une documentation très serrée nous révèle à ce sujet. Nous donnons donc les faits saillants. Les délibérations des chanoines sont remplies de leurs longues querelles avec les uns et les autres : ce sont de longs procès pour la perception de leurs revenus (le temporel n'est pas négligé), leurs rivalités avec le curé voisin de Saint-Barthélemy au sujet des fonctions curiales dans le Palais (2) ; question de préséance avec le chapitre de Notre-Dame. En voici un exemple :

La procession de la Sainte-Chapelle et celle de Notre-Dame s'étant rencontrées au Marché-Neuf, le jour de la Fête Dieu, aucune des deux ne voulut céder le pas à l'autre. Le porte-bannière de la Sainte-Chapelle tint ferme. Sa résistance et celle des huissiers qui accompagnaient le premier président forcèrent enfin a résistance de Notre-Dame ; celle-ci fut contrainte de céder à la force. Plus tard, on décida que la Sainte-Chapelle ferait sa procession à sept heures du matin, avant celle de Notre-Dame (3).

Il y eut aussi des questions de juridiction avec Saint-Sul-

n'étaient pas très rares, par exemple en 1400, deux lampiers d'argent sont dérobés, en 1468 un ostensoir d'or et un bénitier d'argent, en 1504 un nouveau bénitier d'argent.
(1) *Journal de Barbier*, IV, p. 196.
(2) Bibliothèque Nationale. MS. Français. 15730.
(3) Œuvres de Boileau. Furne, 1858.

pice (1), des contestations entre eux pour des raisons d'organisation intérieure. Ils sont très fiers de leur supériorité et en abusent. Cela est établi par de nombreux exemples (2). Ce qui fait dire à Henri Stein : « On dirait que vivant sous le même toit que la chicane, ils en adoptent les habitudes les plus fâcheuses. »

Certains de ces procès furent burlesques.

Le *Lutrin* de Boileau (3), poème héroï-comique, que nous avons tous appris au collège, a une base véridique. L'auteur s'en est d'abord défendu dans une note : *Au lecteur* (1674). prétendant qu'il s'agissait de la chapelle de Bourges qu'il désigna ensuite sous le nom de Pourges. Puis dans un *avis au lecteur* (1701), il dit textuellement que « ce poème a été composé à l'occasion d'un différend assez léger qui s'émut dans une des plus célèbres églises de Paris entre le trésorier et le chantre. Mais c'est tout ce qu'il y a de vrai. Le reste, depuis le commencement jusqu'à la fin, est une pure fiction. » Plus loin, Boileau ajoute : « C'est à la suite d'un défi que me fit en

(1) Bibliothèque Nationale MS. 23494. F° 195.

(2) Cf. entre autres. Extraits fidèles et authentiques de plusieurs chartes, titres et arrests dont messire Claude Auvry... se sert pour faire voir en sa qualité de Trésorier de la Sainte-Chapelle de Paris, les droits de supériorité, d'autorité et la pleine et entière juridiction qu'il a dans la Sainte-Chapelle Royale du Palais de Paris et dépendances (Paris, 1680, in-4 de 69 p.) et Mémoire pour le syndic du clergé du diocèse de Paris contre les sieurs trésorier et chanoines de la Sainte-Chapelle (S. i. n. d. in-4 de 8 pages).

(3) Boileau (Nicolas), né le 1er novembre 1636 à Paris, rue de Jérusalem (proche le Palais) en face de la maison où est né Voltaire. Il était le quinzième enfant d'un père greffier de grand'-chambre au Parlement de Paris. Il eut deux frères dont l'abbé Jacques Boileau, chanoine de la Sainte-Chapelle. — Boileau (Nicolas) et son frère Jacques furent enterrés à la Sainte-Chapelle non loin de l'endroit où se trouvait le lutrin (*Notice de Sainte-Beuve*).

riant le président Lamoignon, que je fus engagé à travailler cette bagatelle. »

La bibliothèque actuelle de la Cour de Cassation contient un manuscrit portant ce titre : « La Sainte-Chapelle » ; il est aux armes de la famille Bezons.

Ce manuscrit établit qu'un procès a eu lieu à l'occasion de la pose d'un pupitre (1).

Quand Boileau nia l'authenticité de cette querelle, c'était en 1674 et il n'avait encore composé que les quatre premiers chants de son *Lutrin* sur lequel nous reviendrons au chapitre V de cette première partie. Nous dévoilerons alors les noms des trésoriers, chantres et marguilliers de la Sainte-Chapelle qu'il met en scène sous des pseudonymes.

Le conflit qui éclata entre le trésorier et le chantre date du 31 juillet 1667 (2). Le trésorier avait fait mettre un pupitre devant la première stalle du côté gauche; aussitôt le chantre le fit enlever, prétendant qu'il n'y avait jamais été. Il s'ensuivit des flots de paroles et de papier timbré, et l'affaire ne se termina qu'en 1703, par l'intervention du président Lamoignon.

On dit que le chantre, Claude Barrin, était un homme fort distingué et intelligent, tandis que le trésorier Claude Auvry, ancien camérier de Mazarin, était fort ignorant et d'un mérite au-dessous du médiocre (3). Il faudrait savoir comment les réputations se faisaient et se défaisaient en 1667 ; il est vrai qu'il y avait déjà des mauvaises langues

(1) Desmaze.
(2) Le chantre se pourvut aux requêtes du Palais, le trésorier s'adressa à l'official de la Sainte-Chapelle devant qui le chantre fut assigné à la requête du promoteur. De ce conflit de juridiction, l'instance fut évoquée aux requêtes du Palais par sentence du 5 août 1667.
(3) *Correspondance de Boileau et de Brossette*, Paris, 1858, in-8, p. 127. Le registre des délibérations du chapitre pour 1667 a été emprunté et non rendu.

du temps de Tacite. Mais cette affaire du lutrin qui a donné lieu a un poème si réjouissant, dans certaines parties, et dont beaucoup de vers sont couramment cités, n'est pas la seule dispute qui ait scandalisé les témoins de l'époque.

Le chantre qui nous occupe était comme ses prédécesseurs autorisé à porter l'aumusse grise. Comme les chanoines, il siégeait au chœur, s'occupait plus particulièrement de la célébration du culte et avait ainsi des charges si lourdes à remplir qu'en 1512, personne ne voulut les assumer. Il fallut, pour vaincre la résistance de tous, l'intervention royale elle-même.

Le Culte. — On peut déjà se rendre facilement compte, avec ce qui a été dit, de la magnificence des cérémonies de la Sainte-Chapelle. On y avait d'abord suivi le bréviaire de Paris, puis, en 1610, on adopta le cérémonial romain. C'est à cette époque qu'eut lieu une revision du chant liturgique et que de nouveaux livres de chœur furent imprimés. Antérieurement le chapitre traitait avec l'imprimeur André Roffet (17 mai 1544) pour l'impression « d'un petit livre contenant le service des festes de la Sainte-Chapelle qui ne sont contenues au bréviaire à l'usage de Paris (1) ». Un Salut de la Vierge, communément chanté, est cité dans les *Heures* de l'Église de Sens imprimées en 1583, pour le libraire P. Corbault (2).

Dans les Mémoires du duc de Luynes, nous trouvons la description suivante des offices de la Sainte-Chapelle.

« L'office est fait par des religieux de certains ordres, parce

---

(1) Voir le livre du chanoine Morand.
(2) Dans sa *Biographie de saint Louis*, Geoffroy de Beaulieu assure que le roi avait coutume de se lever à minuit pour assister à matines à la Sainte-Chapelle, mais qu'en raison de ses maux de tête, on lui recommanda de les faire dire le matin avant l'heure régulière de l'office de prime, d'où est venue la coutume à la Sainte-Chapelle de ne plus dire matines la nuit.

qu'autrefois cette chapelle étant la Chapelle du Roi, des religieux de différens ordres y étaient appelés pour célébrer l'office. Le jour de Saint-Louis, ce sont les Cordeliers qui officient et les Jacobins ne font qu'assister; alors c'est un Jacobin qui fait le panégyrique de saint Louis; l'année suivante, les Jacobins officieront et les Cordeliers assisteront et ce sera un Cordelier qui fera le panégyrique. Les religieux de ces deux ordres y viennent en procession et en grand nombre, la veille de Saint-Louis, pour dire les premières vêpres; le lendemain ils disent la grand'messe après la procession dans laquelle ils portent le chef de saint Louis. Le trésorier, les chanoines et les chantres de la Sainte-Chapelle et tout le bas clergé assistent à cette procession et y chantent alternativement avec les religieux, officiant chacun suivant son usage. Au retour de la procession, le trésorier qui officie pontificalement dans la Sainte-Chapelle dit les oraisons et donne la bénédiction, après quoi il se retire ainsi que le bas chœur. L'office canonial, matines, laudes, etc. est chanté le matin ainsi que l'après-dînée. »

Les Cordeliers admis à officier à la Sainte-Chapelle appartenaient à une colonie de religieux venus à Paris vers 1217 et avaient obtenu à grand'peine de l'abbé de Saint-Germain-des-Prés un local à titre de prêt. Ils s'étaient adressés à saint Louis, qui, moyennant l'abandon d'une rente qu'il touchait de l'abbaye, obtint que ces religieux seraient logés dans un grand bâtiment rue de l'École-de-Médecine. Ils avaient bâti leur église sur l'emplacement qui forme aujourd'hui la place de l'École-de-Médecine. Cette église fut incendiée le 19 novembre 1580. On prétendit alors que cet accident était dû à un moine ivre qui s'était endormi dans l'église après avoir attaché une bougie allumée au lambris de la chapelle de saint Antoine de Padoue.

On avait d'ailleurs fait aux Cordeliers une réputation de bons vivants qui se répandit partout. Et puisqu'en France tout finit par des chansons, suivant Mazarin, on les chansonna ainsi sans vergogne :

> Boire à la capucine,
> C'est boire pauvrement ;
> Boire à la célestine,
> C'est boire largement ;
> Boire à la jacobine,
> C'est chopine à chopine ;
> Mais boire en cordelier
> C'est vider le cellier.

Les Cordeliers furent souvent mêlés aux agitations parisiennes (1). Mais revenons à la Sainte-Chapelle.

Une notice sur les chants de la Sainte-Chapelle (2) nous apprend qu'un amateur de liturgie ancienne a recherché les chants spéciaux à la maîtrise et les a retrouvés tant dans un manuscrit de la Bibliothèque Nationale que dans le célèbre manuscrit de Pierre de Corbeil à la Bibliothèque de Sens ; il les a même fait exécuter plusieurs fois à la Sainte-Chapelle. La maîtrise était située rue de Jérusalem, près de la caserne (3). Les maîtres étaient choisis par le trésorier ; ils n'enseignaient pas seulement la musique aux enfants de chœur, mais les belles-lettres sous le nom générique de grammaire. On dit que le recrutement et la discipline avaient une grande importance, que ces enfants étaient choisis parmi des sujets instruits et sérieux. Leur entretien et leur habillement étaient à la charge du roi. Des bourses leur étaient attribuées.

Les Archives nationales possèdent un état du mobilier de la maîtrise de la Sainte-Chapelle confiée aux soins du maître de musique, l'abbé de la Croix, à la date du 6 septembre 1743. En outre du mobilier, cet état donne le titre des livres alors en usage : « deux dictionnaires français intitulés : Apparat

---

(1) *Paris à travers les siècles*, t. I, p. 102.
(2) De Félix Clément, Paris, 1852, in-8.
(3) Mémoires du Duc de Luynes.

royal; un dictionnaire françois de Joubert; deux dictionnaires latins intitulés : Dictionnarium Universale ; un dictionnaire latin de Danès ; deux rudiments; deux abrégés de la Nouvelle méthode à l'usage des commençants : quatre catéchismes; quatre Imitations latines ; quatre Nouveaux Testaments latins; quatre recueils d'Épitres de Cicéron ; quatre livres d'Évangiles pour les dimanches et festes; quatre Virgiles; quatre livres des fables de Phèdre; un livre d'Alleluya, un livre de Versets ».

Cet exposé nous donne l'idée de la culture intellectuelle des enfants de chœur de cette époque qui approche un peu de l'enseignement secondaire actuel.

Lorsque la Sainte-Chapelle fut supprimée ainsi que sa maîtrise naturellement, un procès-verbal d'apposition de scellés fut dressé le 22 novembre 1790. Le personnel était bien réduit. Suivant un état joint à ce procès-verbal, il se composait simplement de 12 chapelains (dont deux signalés comme malades) et sept clercs. Une décharge définitive fut donnée à l'abbé Doriot le 16 juillet 1791.

Les Cérémonies. — Pour terminer ce chapitre déjà long, nous ne donnerons qu'une énumération, à grands traits, des cérémonies importantes qui eurent lieu à la Sainte-Chapelle.

Il convient d'abord de faire connaître que depuis le règne de Louis XI jusqu'à la mort de Louis XV, un service solennel était célébré à la Sainte-Chapelle avec tentures et catafalque, au décès du roi, de la reine ou des enfants de France.

Le service de Louis XIV fut particulièrement pompeux; la décoration intérieure du monument fut confiée au célèbre Bérain; le catafalque représentant les vertus du monarque était dressé au milieu de la nef, des flambeaux d'argent étaient en grande quantité placés sur les gradins; le grand autel était magnifiquement paré, et la musique était renforcée de douze musiciens extraordinaires.

Enfin ce fut le grand orateur sacré Massillon, qui prononça l'oraison funèbre de Louis le Grand, roi de France. Il prit pour texte de son discours : « Je suis devenu grand et j'ai surpassé en gloire et en sagesse tous ceux qui m'ont précédé dans Jérusalem ; et j'ai reconnu qu'en cela même, il n'y avait que vanité et affliction d'esprit. (Ecclés., 1, 16, 17). Puis il commença par ces belles paroles : « Dieu seul est grand, mes frères ».

Cette cérémonie fut peut-être la plus importante de la Sainte-Chapelle. Voici maintenant, dans leur ordre chronologique, celles qu'il est nécessaire de rappeler :

En 1276, le couronnement de Marie de Brabant, deuxième femme de Philippe III ; en 1254, visite de Henri III d'Angleterre ; en juin 1292, mariage de Marguerite de Brabant, nièce du roi, avec l'empereur Henri VII ; en 1323, le couronnement de Marie de Luxembourg, deuxième femme de Charles IV, et, en 1326, celui de Jeanne d'Evreux, sa troisième femme ; en août 1389, le sacre d'Isabeau de Bavière ; en 1439, visite du roi d'Angleterre Henri VI et, le 13 novembre 1437, celle de Charles VII.

Les *Grandes Chroniques* relatent la cérémonie du sacre de Charles V et l'ostension des reliques à l'empereur Charles IV. Elles étaient d'ailleurs montrées à tout souverain étranger et même aux ambassadeurs venant séjourner momentanément à Paris, etc.

Le 24 juillet 1523, visite de François Ier, en juillet 1530, réjouissances à l'occasion du retour de captivité des enfants de France ; juillet 1549, procession générale pour extirper l'hérésie (ordonnée par Henri II) ; 29 mars 1594, procession à laquelle assiste Henri IV avec les reliques qui sont portées de la Sainte-Chapelle à Notre-Dame, etc.

En 1651, visite de Louis XIV, avant le lit de justice tenu pour déclarer sa majorité (messe basse, musique).

Il y eut aussi, en 1656, la visite de Christine de Suède ; et plusieurs autres. Enfin, le 2 septembre 1715, celle du duc d'Orléans, avant de se rendre au Palais pour l'ouverture du testament de Louis XIV.

Les possédés du diable. — Les chroniqueurs nous signalent encore, avant 1789, une cérémonie au moins bizarre pour les gens de notre époque. Des malades que l'on croyait *possédés du diable* venaient à la Sainte-Chapelle dans une grande agitation et, lorsque, d'après mille trémoussements, on les avait touchés avec les reliques, ils étaient guéris. On voyait venir là toutes sortes de flibustiers, de déguenillés et autres et, croit-on, bien des simulateurs. Mais on ne voulait pas supprimer, paraît-il, ces visites pour ne pas détruire une croyance religieuse. Ceci nous rappelle assez la tombe du diacre Paris, visitée pendant cinq ans par les convulsionnaires, au cimetière Saint-Médard fermé en 1732.

CHAPITRE IV

Incendies (1618-1630-1776). — Inondations (1689-1690). — Nouvelles inondations (1751).

Dans la nuit du 5 au 6 mars 1618, le feu prit à la charpente de la grande salle du Palais de Justice et, comme il faisait grand vent, tout le lambris qui était en bois sec et verni s'embrasa en peu de temps.

Un soldat qui était en sentinelle donna l'alarme le premier, mais déjà les flammes sortaient de toutes parts. Les solives et les poutres qui soutenaient le comble tombèrent par morceaux embrasés sur les boutiques des marchands, sur les bancs des promeneurs et sur « la chapelle » remplie alors de cierges et de torches qui s'enflammèrent à l'instant.

Les marchands accourus, en toute hâte, ne purent presque rien sauver de leurs marchandises.

On parvint cependant à mettre en sûreté les registres de quelques greffes qui n'étaient pas dans la grande salle.

Un vent du sud qui soufflait fortement consuma, en moins d'une demi-heure, les requêtes de l'hôtel, les greffes du trésor, la première chambre des enquêtes et le parquet des huissiers.

Le feu se communiqua à une tourelle contiguë de la Conciergerie (1) et l'on entendit bientôt les clameurs des prisonniers qui, saisis de frayeur, criaient que la fumée les étouffait et qu'il allaient être brûlés vivants.

Quelques-uns profitèrent du moment où le geôlier leur ouvrait la porte afin de les faire transférer ailleurs, pour se sauver à la faveur du tumulte, mais la plupart furent conduits au Châtelet et dans les diverses prisons de la ville.

Bref, cet incendie n'atteint pas sérieusement la Sainte-Chapelle qui, par une sorte de miracle, échappa à ceux de 1630-1776-1871 comme aux inondations de 1689-1690-1910, événements sur lesquels nous reviendrons.

Cet incendie de 1618 fut désastreux pour le Palais; outre les bâtiments indiqués, la fameuse table de marbre noir fut brisée en morceaux et les statues des rois de France furent mises en miettes. Ce qui n'empêcha pas le poète Théophile de railler par un quatrain resté célèbre le triste événement.

Pour comprendre la finesse de ce quatrain, il faut savoir qu'à l'époque et jusqu'à la loi du 24 août 1790, les magistrats recevaient des épices des justiciables (boîtes de confi-

(1) *Histoire de la Conciergerie du Palais de Paris.* Eugène Pottet (12ᵉ édition).

tures, dragées et sommes d'argent) pour les bien disposer. Théophile nous dit :

> Certes, ce fut un triste jeu
> Quand à Paris, Dame Justice
> Pour avoir mangé trop d'épice
> Se mit le Palais tout en feu (1).

L'incendie de 1630. — Après avoir échappé à cet incendie, la Sainte-Chapelle courut encore un très grand danger le 26 juillet 1630.

A cette date, vers quatre heures de l'après-midi, le feu prit aux combles et au clocher, causé par la négligence de plombiers qui y travaillaient.

Le gouverneur de Paris et l'Hôtel de Ville furent immédiatement avisés par les chanoines qui réclamaient des secours. Malheureusement le feu s'étendait avec une rapidité telle que bientôt on vit le clocher s'écrouler et le plomb fondu couler de tous côtés et même dans l'intérieur de la chapelle. Les voûtes inspirèrent des craintes. On ne les croyait plus suffisamment solides.

Les chanoines affolés étaient surtout occupés de sauver les reliques de la grande châsse et de les mettre en sûreté. Dès qu'on se rendit maître du feu, ces pauvres chanoines s'emparèrent de leur précieux dépôt ; un recolement de tous les objets fut opéré et le tout placé dans des coffres-forts, puis la porte du trésor fut murée.

Comme on le voit, la Sainte-Chapelle était sauvée. Mais les chanoines de Notre-Dame s'émurent aussi à la pensée que pareil incendie pouvait être dangereux pour la cathédrale, dans les mêmes conditions.

Les Archives Nationales possèdent les procès-verbaux dressés à l'occasion de l'incendie de 1630, par les gens des

(1) *Paris à travers les siècles.*

Comptes et par Jean Gillot, lieutenant général du bailliage du Palais (1).

Enfin, il fallut penser à la reconstruction et, comme nous l'avons dit plus haut, un devis de 24 000 livres avait été présenté au roi Louis XIII qui approuva les dépenses par lettres patentes du 27 avril 1634. Mais précédemment, le 11 août 1630 (on voit que l'affaire avait traîné), Molé, président du Parlement (2), avait reçu du garde des sceaux Marillac la lettre suivante : « Je vous remercie du soin que vous avez pris de m'avertir de l'incendie arrivé à la Sainte-Chapelle ; nous en avions déjà reçu les premiers avis et sçu le bon ordre et le prompt secours que vous avez fait donner en cette rencontre, qui a servi à la conservation de ce qui est le plus précieux en ce saint lieu ; dont Sa Majesté a été bien informée et satisfaite. Elle a commandé d'écrire à la Chambre des Comptes pour faire faire le devis de tous les ouvrages qu'il faut faire, avec un dessin qui soit fait par quelque bon maître, afin que Sa Majesté le voie et l'approuve, puis après faire bailler les ouvrages au rabais et pourvoir aux fonds nécessaires pour iceux. »

C'est Christophe Gamard, juré du roi ès œuvres de maçonnerie, qui avait fait, aussitôt l'incendie, la première visite des voûtes ; René Fleury, maître général des œuvres des bâtiments royaux, en fit une autre en juin 1633.

L'incendie de 1776. — Dans la nuit du 10 au 11 mai 1776 (sous Louis XVI), le feu prit encore une fois au Palais de Justice, dans la salle appelée la galerie des prisonniers. La *Gazette de France* raconte ainsi les détails de cet événement : « Comme ce lieu est entouré de bâtiments dans la plus grande partie desquels il ne se trouve personne pendant la

---

(1) Archives nationales LL. 602. 90. 92 ; cf. LL 271, ff. 180-181.
(2) *Mémoires de Molé*. Édit. Champollion-Figeac, p. 22.

LA SAINTE-CHAPELLE DE PARIS APRÈS L'INCENDIE DE 1630
(CABINET DES ESTAMPES)

nuit, tout porte à croire que le feu y est demeuré longtemps caché, jusqu'au moment où l'on s'en est aperçu du dehors; les flammes occupaient déjà cette galerie en entier, la première antichambre de la chancellerie, la chapelle et le greffe des bureaux, le grand escalier des requêtes, le cabinet, l'antichambre, jusqu'à la salle d'audience, le logement du buvetier, les galeries qui communiquent au dépôt et ce dépôt donnant sur les cours des cuisines du premier président, les cuisines, offices et autres bâtiments attenant à l'hôtel de la première présidence, la seconde et la troisième chambre et le greffe des dépôts de la cour des aides, l'escalier donnant dans la grande salle du Palais où était la bibliothèque du grand conseil, toutes les parties avoisinant la tour de Montgomery (1), dans la Conciergerie, plusieurs petits bâtiments du maître de musique de la Sainte-Chapelle, partie du logement de la conciergerie et le greffe des eaux et forêts.

« Ce fut environ à une heure du matin qu'on donna l'alarme; le sieur Morat, directeur des pompes, et le sieur Dubois, commandant la garde de Paris, avertis promptement, se trouvèrent au Palais à une heure et quart. »

Les secours s'organisèrent; le foyer de l'incendie fut concentré dans la partie qu'il dévorait et l'on réussit à garantir une partie des bâtiments ; le service des pompes fut très intelligemment? fait par des artisans et des moines des divers ordres qu'on appelait toujours en ces sortes de circonstances (2).

Le local incendié contenait 320 toises de superficie et un moment on avait craint que le Palais tout entier devînt la proie des flammes.

(1) Tour de Montgomery démolie avant la Révolution (entre 1777 et 1789).
(2) C'est sous le règne de Louis XIII que de nombreux ordres religieux furent autorisés à s'établir à Paris. Les Capucins, de préférence, faisaient office de pompiers, d'après la chronique de cette époque.

Cet incendie de 1776 causa un gros préjudice à tous les commerçants du Palais. C'étaient des costumiers, des cartonniers, des papetiers, des établissements de bouillon de la Compagnie Hollandaise. Tout cela a disparu. L'ancienne galerie des merciers est déserte. Il y a deux siècles elle était un lieu de plaisir à la mode. Presque tous ces marchands, ceux de la grande salle surtout, durent évacuer sans tarder lors de l'incendie, d'abord dans la cour du Palais, « Au croissant d'or », puis au bout du cimetière. Quelques-uns qui étaient restés dans l'intérieur disparurent vers 1840.

Deux estampes très connues, parce qu'elles ont souvent été gravées, une d'Abraham Bosse, l'autre de Gravelot, nous donnent fidèlement l'impression de ce que furent ces boutiques et comment elles étaient fréquentées.

Abraham Bosse, dont l'estampe porte cette mention : « Les boutiques de la galerie du Palais de Justice » (règne de Louis XIII), nous représente une galerie encombrée de curieux devant l'étalage de trois boutiques pressées l'une contre l'autre. Au milieu l'éventaire d'une mercière, à droite celui d'une lingère, à gauche la boutique d'un libraire du roi qu'il est facile d'identifier : c'est A. Courbé qui offre à un passant un volume in-4, la nouveauté du jour : *La Marianne* du poète Tristan, jouée en 1636 et mise en vente l'année suivante.

Mais revenons à l'incendie pour dire qu'il n'eut pas pour la Sainte-Chapelle les conséquences que l'on redoutait.

Ce fut néanmoins à cause de cette catastrophe que les titres de la couronne, diplômes des rois, traités de paix et ce que l'on appelait enfin le trésor des chartes cessa d'être confiné dans les deux salles voûtées qui faisaient partie du bâtiment de la Sainte-Chapelle. En 1783 il fut transféré dans un autre local.

Les inondations. — A l'occasion des inondations parisiennes si désastreuses de janvier 1910, la Presse a rappelé celles antérieures et notamment les inondations de 1689-1690 et de 1751. Nous n'avons pas grandes indications sur celles-ci, mais à cette époque-là la Seine n'était pas encore encaissée comme aujourd'hui, et nous nous figurons bien avec quelle rapidité elle dut s'étendre dans la Cité et entourer la Sainte-Chapelle.

Nous savons cependant que les ravages qu'elle occasionna se produisirent dans la saison d'hiver naturellement et que la chapelle basse fut particulièrement atteinte. Par suite, il fallut « relever toutes les tombes d'un pied et enlever les balustrades entourant les six chapelles de la nef »; on en profita d'ailleurs pour entreprendre d'autres travaux, changer la disposition des quatre chapelles de la nef en les adossant au mur pour gagner de la place, séparer le chœur de la nef par une grille en fer, agrandir le chœur, en transférant ailleurs les chapelles Saint-Jean et Saint-Michel, reculer le maître-autel dans l'enfoncement des quatre petits piliers destinés à soutenir la voûte de la haute église, pratiquer une cave voûtée sous le monument dans toute sa longueur, enfin creuser dans le chœur un caveau exclusivement réservé à la sépulture des trésoriers et des chanoines (1).

Inondations de 1751. — Il y eut une forte inondation à Paris, en 1751; on allait en bateau dans la rue de Bièvre et jusqu'à la fontaine de la place Maubert, sur la place de Grève, le quai des Augustins, le quai du Louvre, etc.; tout le chemin de Versailles, le cours la Reine et les Champs-Élysées étaient sous l'eau. Une ordonnance fut affichée le 22 mars afin d'obliger ceux qui demeuraient sur les ponts Notre-Dame, Saint-Michel et au Change de déménager dans la crainte que la violence des eaux n'endommageât ces ponts et même ne les renversât.

(1) *Archives nationales* LL. 610. F° 121. V.

De nombreux bateaux chargés d'approvisionnements étaient arrêtés en amont de Paris. Cette situation dura près d'un mois.

Il fallut vraisemblablement procéder comme en 1690 à de nouvelles réparations à la Sainte-Chapelle, qui n'avait pas été épargnée, l'eau atteignant facilement la chapelle basse, comme nous verrons encore en 1910.

CHAPITRE V

Le Lutrin de Boileau (1674-1701). — Trésor des Chartes (xiiie siècle).

Le trésorier remplit la première dignité du chapitre dont il est ici parlé, et il officie avec toutes les marques de l'épiscopat. Le chantre remplit la seconde dignité. Il y avait autrefois dans le chœur, devant la place de celui-ci, un énorme pupitre ou *Lutrin* qui le couvrait presque tout entier. Il le fit ôter. Le trésorier voulut le faire remettre. De là arriva une dispute qui fait le sujet de ce poème.

> Je chante les combats, et ce prélat terrible
> Qui, par ses longs travaux et sa force invincible,
> Dans une illustre église exerçant son grand cœur,
> Fit placer à la fin un lutrin dans le chœur.
> C'est en vain que le chantre abusant d'un faux titre,
> Deux fois l'en fit ôter par les mains du chapitre :
> Ce prélat, sur le banc de son rival altier,
> Deux fois le reportant, l'en couvrit tout entier.
> Muse, redis-moi donc quelle ardeur de vengeance,
> De ces hommes sacrés rompit l'intelligence,

Et troubla si longtemps deux célèbres rivaux :
Tant de fiel entre-t-il dans l'âme des dévots (1) !

Ainsi débute *le Lutrin*, le célèbre poème héroï-comique de Boileau Despréaux.

Sainte-Beuve nous dit, parlant de Boileau : « S'il a quelque charme à proprement parler, c'est alors seulement, à cette époque des quatre premiers chants du *Lutrin* et de l'*Épître à Racine*. »

On a toujours été un peu dur pour Boileau qui fut sévère, il est vrai, mais pour les mauvais auteurs. Nous ne saurions à propos du *Lutrin* passer sous silence les quelques vers qui suivent de très près ceux cités ci-dessus et que tout le monde connaît.

> Parmi les doux plaisirs d'une paix fraternelle
> Paris voyait fleurir son antique chapelle :
> Ses chanoines vermeils et brillants de santé
> S'engraissaient d'une longue et sainte oisiveté ;
> Sans sortir de leurs lits plus doux que leurs hermines,
> Ces pieux fainéants faisaient chanter matines,
> Veillaient à bien dîner, et laissaient en leur lieu
> A des chantres gagés le soin de louer Dieu (2).

Nous arrêterons là nos citations, mais pour revenir au personnel de la Sainte-Chapelle, il n'est pas sans intérêt, selon nous, l'authenticité de la querelle du *Lutrin* étant établie (3), de faire connaître les noms des personnes qui y ont figuré.

Ainsi « le prélat terrible », c'est Claude Auvry, camérier

---

(1) Musa, mihi causas memora...
  ...Tantæne animis cœlestibus iræ.
  Virgile, *Enéide*. Liv. I,. 8, 11.

(2) Il ne faudrait pas se scandaliser de cette farce. Boileau a voulu surtout donner la note comique. Ailleurs il rend justice au savoir et au mérite de ces chanoines.

(3) Voir notre Chapitre III.

de Mazarin, puis évêque de Coutances, ensuite trésorier de la Sainte-Chapelle de Paris.

Le chantre, c'est Jacques Barrin, fils du maître des requêtes La Galissonnière. C'était un homme de grand mérite, dit Boileau.

C'est le premier président de Lamoignon qui est désigné, comme un fameux héros (chant Ier).

Le prudent Gillotin (id.) est Guéronet qui fut depuis curé, de la Sainte-Chapelle.

Sidrac (id.) est le vrai nom d'un vieux chapelain-clerc. C'était un chantre musicien dont la voix de basse taille était fort belle.

Aleth (id.) était M. Pivillon, alors évêque d'Aleth, dans le bas Languedoc.

Brontin (id.), son vrai nom était Frontin, prêtre du diocèse de Chartres et sous-marguillier de la Sainte-Chapelle.

Le perruquier l'Amour (id.) c'est Didier l'Amour, perruquier établi dans la cour du Palais, sous l'escalier de la Sainte-Chapelle; Didier gros et grand homme, d'assez bon air, vigoureux et bien fait. Il avait eu une première femme fort revêche; il s'agit dans le *Lutrin* de la seconde, avec qui il vécut toujours en bonne intelligence avant et après le mariage! Molière a peint le caractère de Didier l'Amour dans son *Médecin malgré lui*, à la fin de la première scène, sur ce que M. Despréaux lui en avait dit.

Lorsque Boileau publia le *Lutrin*, le perruquier et la perruquière existaient encore et Desmarets blâma vivement l'auteur de ces deux vers :

> Ils s'adorent l'un l'autre et ce couple charmant
> S'unit longtemps, dit-on, avant le sacrement.

Enfin, Boirude, sacristain (fin du Ier chant), était François Sirude, sous-marguillier ou sacristain, qui portait la croix aux processions et qui fut ensuite vicaire de la Sainte-Chapelle.

Au chant III, Boileau nous parle de Ribou, le libraire, au fond de sa boutique. C'est bien lui dont la boutique était sur le troisième perron, vis-à-vis la porte de l'église.

C'est ce même Ribou qui avait imprimé *La Satire des Satires*, comédie de Boursault contre l'auteur.

Au chant IV, sous le nom d'Alain, Boileau représente Aubery, chanoine de Saint-Jacques, puis du Saint-Sépulcre, puis enfin de la Sainte-Chapelle.

Abelly (même chant) est le fameux auteur qui a fait la *Moelle théologique*.

Au chant V, Pussort, est un conseiller d'État qui a le plus contribué à faire le Code (ordonnance de 1667 et 1670) sur la procédure civile et criminelle.

Barbin (même chant) avait sa boutique de libraire sur le second perron de la Sainte-Chapelle. Il se piquait de vendre des livres « quoique méchants » (Boileau).

Accurse et Alciat (même chant), glossateurs et jurisconsultes italiens; le premier vivait au XIIe siècle, le second au seizième.

Dodillon (même chant) avait été chantre à la Sainte-Chapelle.

Tels sont les noms qui demandaient une explication.

Le trésor des Chartes. — Au commencement du XIIIe siècle, les archives royales étaient confiées à la garde du concierge du Palais qui disposait d'un emplacement spécial; mais, lorsque la Sainte-Chapelle fut édifiée, l'architecte fut chargé de construire un autre monument devant avoir l'apparence extérieure à peu près semblable.

Ce monument, mesurant 33 pieds sur 22, comprenant deux travées et une abside pentagonale, devait à son deuxième étage contenir les archives de la couronne qui, en effet, y furent conservées plus de cinq siècles. C'est par une étude que M. le comte H.-F. Delaborde a fait d'un dessin du xviiiᵉ siècle, signé T. de Froideau, que l'on a pu obtenir ces indications.

Le dépôt du trésor des chartes était voûté d'ogives, éclairé par une grande fenêtre sur la façade et d'autres petites fenêtres sur les côtés communiquant avec les étages inférieurs par une petite tourelle d'escalier extérieure. La salle des archives possédait des armoires et des boîtes, qui se distinguaient autrefois par des signes (fleurs de lys, trèfle, main), puis par des lettres.

Ce local devint rapidement très encombré : sous Charles V, Gérard de Montaigu fut chargé de sa réorganisation complète. Sous Louis XI et sous Louis XII d'autres modifications furent apportées. En 1572, on signale l'état de dégradation des locaux et une grande confusion des documents. Dupuy et Geoffroy allaient y apporter un remède (1); ils venaient de terminer leur inventaire quand l'incendie de 1630 éclata et faillit tout détruire. Le feu atteignit le toit de la sacristie, mais on s'en rendit maître.

Déjà à cette époque, comme de nos jours, les archives royales étaient partagées en trois subdivisions : les layettes, les sacs, les registres.

En 1650, Nicolas, devenu garde du trésor des chartes, ayant trouvé les armoires rompues, les layettes mal fermées et en bois trop léger, les pièces les plus importantes gisant à terre, fit aménager de nouvelles dispositions par l'architecte Girard.

En août 1658, des lettres patentes prescrivirent la construction d'un hôtel des chartes particulier sur une partie du jardin du premier président (2). Mais la disgrâce du surintendant empêcha la réalisation de ce projet.

(1) *Voir Layettes du Trésor des Chartes*, par Delaborde, Chap. IX de l'Introduction (Paris, 1909, in-4).
(2) On avait démoli la maison du chanoine Tardieu pour cette nouvelle construction (*Archives Nationales*. Z. I. f., 599, f⁰ 106.

LE PALAIS DE JUSTICE DE PARIS AU XVIe SIÈCLE
(CABINET DES ESTAMPES)

Le désordre continua, la toiture était très humide et causa grand préjudice aux archives.

Enfin survint encore un incendie, celui de 1776, qui mit les trésors des archives en danger et fut la raison pour laquelle on revint à un projet abandonné depuis 120 ans. Le vieux bâtiment qui contenait aussi les sacristies de la Sainte-Chapelle fut sacrifié.

Les architectes Desmaisons et Moreau élevèrent au-dessus de la Cour du Mai une aile parallèle à celle du côté Nord. Des protestations s'étaient élevées de la part des chanoines, mais il n'en fut pas tenu compte.

Les plans leur avaient été communiqués le 22 décembre 1781 et, le 1er février 1782, le chapitre avait pris l'importante décision qui suit :

« Ce jour, MM. Bexon et Pourteyron le jeune, commissaires nommés pour traiter avec MM. les commissaires du Conseil sur la demande faite d'une nouvelle construction en place du bâtiment actuel des sacristies de la Sainte-Chapelle, ont présenté à l'assemblée le cahier des articles qu'ils ont rédigé et qui leur ont semblé énoncer et établir tous les droits et les intérêts de la Sainte-Chapelle dans cette circonstance comme il suit :

« Quoique MM. de la Sainte-Chapelle ne puissent sans un véritable regret voir toucher à des murs vénérables par six cents ans d'antiquité et détruire un morceau dont la structure légère et hardie assortissait bien le bel édifice de la Sainte-Chapelle, néanmoins désirans montrer en toutes circonstances leur dévouement au bien public, et, en particulier dans celle-cy, leurs égards pour ce que demandent MM. du Domaine pour la régularité et la décoration symétrique de la nouvelle Cour du May, ainsy que leur confiance dans le sage magistrat qui est à la tête de cette partie, MM. de la Sainte-Chapelle représentés par leurs commissaires, consentent, sous le bon plaisir du Roy, que le corps de bâtiment joignant la Sainte-Chapelle et contenant les sacristies des Chapelles haute et basse et dépendances, et les archives, soit démoli aux conditions portées dans les articles suivans, convenus et signés par MM. Rua, commissaire du Conseil en cette partie, et Desmaisons, écuyer, chevalier de l'ordre du Roy, architecte des bâtiments du palais et du domaine et lesdits commissaires, etc. »

Les conditions étaient : que les sacristies, archives et dépendances occupent dans le nouveau bâtiment un emplacement aussi étendu, aussi commode, aussi sûr que précédemment, et voûté au-dessus et au-dessous, de reconstruire les logements dépendant de la Sainte-Chapelle avec la même distribution que ceux qui existaient avant l'incendie, de n'autoriser la démolition de l'ancien édifice, qu'après la construction totale du nouveau; de n'avoir à souffrir d'aucuns frais, dommages ni réparations même pour la réinstallation des portes, grillages, vitraux; de voir prendre toutes précautions nécessaires pour éviter l'ébranlement des fondations de la Sainte-Chapelle et l'obscurité de ce monument (1).

Le trésor des chartes fut transféré en 1783 dans son nouveau local situé au deuxième étage, au-dessus de la chancellerie du Palais et de la chapelle dite chapelle des Girondins (2).

La Révolution survenue fit occuper la pièce supérieure par le tribunal du 17 août 1792, puis par le greffe du Tribunal révolutionnaire; quant à la seconde pièce, le tribunal criminel de 1793 la réclama pour son usage.

On affecta au trésor des chartes trois salles voisines dans

(1) *Archives Nationales* LL. 617. f° 78. Document intégral par Vidier dans les *Mémoires de la Société de l'histoire de Paris*. XXXVII (1910), p. 323.

(2) Les plans des deux salles de cet édifice sont aux Archives Nationales, N° III (Seine) 7254.

les nouveaux bâtiments de la Cour du Mai destinés à la nouvelle sacristie; mais le déménagement ne fut pas opéré sans avoir causé de nouveaux désastres (frimaire an VIII).

Il exista d'autres projets; bref le trésor des chartes ainsi qu'un autre dépôt d'archives fut porté, en l'an XIII, au Palais du Louvre et il est aujourd'hui dans un asile qu'il faut espérer définitif, au palais Soubise, depuis 1808 (1).

(1) Il occupe 1034 cartons de la série J.

DEUXIÈME PARTIE

DE LA RÉVOLUTION FRANÇAISE A NOS JOURS
(1789-1912)

CHAPITRE I

Projets de démolition et de restauration (1790). — Mesures protectrices pour le trésor de la Sainte-Chapelle demandées par Louis XVI. — Récolements officiels (1791). — Épaves conservées : tableaux, Vierge, émaux, grand camée, etc.
La Sainte-Chapelle devenue magasin à farines (1792) puis club, (1795-1797) et dépôt d'archives judiciaires (1803).

Dès le principe, la Révolution n'ayant pas eu d'édifice à construire, « parut plutôt préoccupée de détruire ceux qui existaient avant elle » (1). Il faut donc nous estimer bien heureux d'avoir encore la possibilité d'admirer la Sainte-Chapelle plusieurs fois menacée par les incendies, les inondations et les mains criminelles des hommes.

En 1790, d'après la *Chronique de Paris* du 4 juin, la Sainte-Chapelle paraissait condamnée à mort. Voici d'ailleurs ce qu'il en était dit : « Dans ce moment, on s'occupe avec activité à arracher le plomb qui couvre la Sainte-Chapelle, et c'est, dit-on, pour la recouvrir à neuf, ce qui ne causera aucun débours, parce que la nouvelle couverture étant de moitié moins épaisse que l'ancienne, il y aura encore beaucoup à gagner pour celui qui l'a entreprise.

(1) Emile Bayard, inspecteur du ministère des Beaux-arts. *Le style Empire*, p. 21.

Cette réparation est parfaitement inutile, car la Sainte-Chapelle sera sans doute vendue ou démolie, et dans ce cas sa couverture ne vaudra pas la moitié de ce qu'elle vaut aujourd'hui. »

Cette prédiction ne s'est pas heureusement réalisée, mais la Sainte-Chapelle n'en a pas moins subi de nombreuses et absurdes mutilations. On commença par sa flèche sur laquelle on voyait des emblèmes séditieux réputés : « vestiges honteux de la tyrannie »; ces emblèmes étaient des couronnes, fleurs de lys et le monogramme royal. Seulement, il fallait établir des échafaudages coûteux pour parvenir à cette flèche et l'architecte municipal Poyet (architecte démolisseur comme la commune de 1871 avait des pompiers incendiaires) trouva un moyen économique. Ce fut de la faire démonter « en donnant en compte à l'entrepreneur les matériaux qui en proviendraient, et en l'astreignant toutefois à remplir et à recouvrir le vide que laisserait la flèche » (1).

Puis l'œuvre de vandalisme révolutionnaire suivit son cours.

En ce qui concerne les cloches on en conserva une sur trois, et ce ne fut certes pas pour sonner les offices. Une adjudication avait eu lieu le 7 août 1793 : la démolition décidée devait être opérée dans un délai de six semaines.

De nombreux signes de féodalité existaient un peu partout dans Paris; un sculpteur qui ne sculptait plus s'était fait la singulière spécialité de gratter ou de briser les emblèmes odieux et tyranniques. Son glorieux nom a été conservé; il s'appelait Daujon, et ce fut lui qui eut l'honneur révolutionnaire, à partir du 13 brumaire an II, pour la somme de 339 livres 10 sous, de supprimer « les fleurs de lis en pierre très dure dans les cannelures des colonnes torses de l'escalier du côté de la Sainte-Chapelle. Pour le

---

(1) *Archives Nationales* M. 666. Lettre du 31 mai 1793.

même prix il nous a fait disparaître aussi trente couronnes en pierre très dure sur la tête des dauphins; les armoiries de France avec couronnes, colliers et cordons, au-dessus de la porte de la Sainte-Chapelle; un petit écusson au pied d'une statue: trois couronnes en pierre sur la tête de trois rois; une autre couronne sur la tête d'une Vierge, en pierre très dure; quarante-deux couronnes sur la boiserie dans l'intérieur de la Chapelle, proprement pour ne pas gâter la boiserie; cent dix fleurs de lis au sceptre de la statue de la Loi qui est placée dans une niche, sur un escalier au haut du grand perron en face (1) ».

Quel grand homme que ce Daujon, et combien il a mérité de la Patrie! Sa science du grattage et de la destruction des honteux emblèmes s'exerça non seulement sur la Sainte-Chapelle intérieure et extérieure, mais sur tous les monuments de Paris.

Avait-il, après tout, accepté ou sollicité cette noble fonction? Il n'était pas facile de se dérober à un ordre et d'échapper à la suspicion pendant la Terreur; on sait que les têtes n'étaient pas solides sur les épaules, et qu'il fallait faire attention pour conserver la sienne.

L'administration révolutionnaire n'a donc pas voulu maintenir intacte la vieille chapelle du XIIIe siècle, mais ce qui est plus surprenant, c'est que le gouvernement qui a précédé la Révolution, dans la personne d'un architecte des domaines nommé Couture l'aîné (encore un nom à enregistrer), avait formé des projets de réformes tels de la Sainte-Chapelle, qu'elle aurait été complètement défigurée s'ils avaient été réalisés. Bonnardot nous dit que même les verrières auraient été remplacées par six rangs superposés de grandes vitres nues et rectilignes.

Heureusement le XIXe siècle montra plus de goût et de

(1) *Archives nationales*. F. 13 212.

fact. L'architecte Lassus fit sur la Sainte-Chapelle un travail graphique très remarqué au Salon de 1836, et qui fut le point de départ des travaux de restauration.

Le premier président de la Cour royale Séguier, très partisan de rétablir la Sainte-Chapelle dans son état primitif, apporta l'appui de son autorité dans une commission qui fut nommée en 1837, et Duban et Lassus furent désignés pour l'exécution des travaux. Ils disposèrent d'un premier crédit de 600 000 francs pour cet objet.

Mais revenons à l'époque révolutionnaire, c'est-à-dire à 1791. Desmaze nous dit, comme d'autres auteurs, que Louis XVI, sans doute effrayé des dangers que courait la Sainte-Chapelle, s'empressa de demander qu'on prît les dispositions protectrices suivantes : l'envoi des reliques à la Basilique de Saint-Denis, des pierres précieuses et d'une agate de grand prix à son cabinet des Médailles, de quelques beaux livres et des manuscrits à la Bibliothèque du roi (1).

Un grand camée représentant l'Apothéose d'Auguste, dit le triomphe de Joseph (2), est aujourd'hui à la Bibliothèque nationale (n° 188).

Nous avons vu que les vols étaient fréquents, et qu'une surveillance avait été heureusement organisée par les chanoines, que les clefs étaient confiées aux rois, puis en dernier lieu aux trésoriers, que des inventaires étaient faits à chaque décès d'un trésorier.

Sans toutes ces mesures protectrices, il ne serait sûrement pas resté grand'chose du trésor de la Sainte-Chapelle et la Révolution aurait bien pu trouver les coffres et les châsses vides.

Des récolements officiels eurent lieu les 23 novembre 1790 et 24 février 1791 par Mouchy pour les sculptures et par Doyen

(1) Objets remis aux représentants de la Municipalité Parisienne le 10 mars 1791.
(2) Voir plus loin notre rectification.

pour les peintures, en présence du dernier trésorier, de plusieurs chanoines et du sacristain.

Les 14 avril et 3 mai 1791, malgré les protestations des chanoines, nombre d'objets de valeur furent portés à la monnaie, tandis que les meubles partaient pour les Petits Augustins.

Enfin, le 16 juillet, l'inventaire fut clos et il ne restait plus à la Sainte-Chapelle que les objets scellés.

Doyen décrivit alors avec soin de magnifiques émaux sur les autels, dans la nef, douze apôtres en pierre « sculptés en gothique » et une mère de douleur, en pierre, par Germain Pilon ; dans le chœur, quatre anges en bronze, sur des colonnes de marbre noir par Jean Goujon ; dans une chapelle, un calvaire sculpté en bois, par Pilon ; dans la sacristie, un fameux camée antique, qualifié par Mouchy de sublime et indiqué comme représentant le Triomphe de Tibère (1), ainsi qu'une Vierge mère « gothique » sculptée en ivoire (2). Dans la chapelle basse, on remarquait l'autel en marbre rouge, plusieurs cénotaphes en pierre et marbre, des inscriptions funéraires et plusieurs statues gothiques en pierre sur la porte extérieure.

Il restait encore les sculptures et les pierres tombales, ainsi qu'une châsse « de cuivre antique » qui furent portées au Musée des Petits Augustins.

Une partie de ce que recueillit la basilique de Saint-Denis, pillée à son tour comme on le sait, disparut, mais il n'en fut même pas de même du reste.

---

(1) Desmaze nous fait dire plus haut : triomphe d'Auguste dit triomphe de Joseph. D'après Henri Stein. *Le Palais de Justice*, p. 234, le grand camée est la glorification de Germanicus ; on y voit Germanicus prenant congé de Tibère (an 17 de notre ère). Nous nous rangeons à cette dernière opinion.

(2) Henri Stein donne la liste et la description des objets d'art qui subsistent.

Peut-on se défendre d'un sentiment de révolte à la lecture de ces actes de vandalisme !

Épaves de la Sainte-Chapelle. — 1º On a déposé au Musée de Cluny un certain nombre de morceaux d'architecture et de sculpture provenant des démolitions et des restaurations de la Sainte-Chapelle au cours du xiv⁰ siècle. Ce sont des colonnettes, des balustrades, des chapiteaux (règne de Louis IX) remplacés par du neuf; des statues mutilées, des fragments de vitraux, des médaillons coloriés de forme ronde sur fond bleu qui mesurent $0^m,50$ et $0^m,65$ de diamètre et qu'il a été impossible de replacer après la restauration qui en a été tentée. Les sujets sont : la Salutation angélique, le Calvaire et la crucifixion, le Christ à la colonne. On voit encore aujourd'hui à l'entrée de la Sainte-Chapelle divers morceaux de sculpture qui attendent aussi leur envoi au jardin de Cluny depuis assez longtemps (1).

2º **Deux anciens tableaux.** — L'un représente le dauphin de France (Jean le Bon), peinture exécutée à l'occasion du sacre de Clément VI à Avignon en 1342. Ce tableau se voyait autrefois au-dessus de la porte de la sacristie de la Sainte-Chapelle.

L'autre toile représente un portrait d'adolescent peint sur le bois, qu'une inscription sur le panneau désignait comme étant Louis IX à l'âge de 13 ans (1226). Mais, selon le sagace érudit M. Durrieu, ce tableau ne peut être qu'un arrangement, modifié postérieurement, d'un portrait de Philippe le Beau, père de Charles Quint.

3º **La Vierge de Germain Pilon.** — Le « Guide » de Thierry (1787) signale à l'intérieur de la Sainte-Chapelle, près de

(1) Nous ne donnerons qu'une analyse succincte de ces épaves pour ne pas trop allonger notre monographie.

l'orgue cette Vierge en terre cuite considérée comme un chef-d'œuvre (1). Elle a été enlevée de la Sainte-Chapelle à la Révolution. On la retrouve sous le Consulat dans la chapelle de l'Ecole militaire de Saint-Cyr, puis en 1890 au Musée du Louvre. Le marbre est aussi visible à Paris en l'église Saint-Paul-Saint-Louis.

4° **Émaux.** — Deux tableaux votifs en émail limousin colorié, d'égales dimensions (1m,07 de haut sur 0m,75 de large), véritables chefs-d'œuvre du xvi° siècle. Signés l'un Léonard Limosin esmailleur et peinctre ordinaire de la Chambre du roi, M. F. 1553, l'autre Léonard Limousin M. F. 1553.

Le premier tableau représente, dans l'ovale du milieu, le Calvaire et aux angles ornés de salamandres, dans des médaillons circulaires : Jésus mis au tombeau, Jésus portant sa croix, François Ier et Eléonore d'Autriche agenouillés, etc.

Le second tableau, dont les dispositions sont les mêmes, le motif central représente Jésus et Madeleine, Jésus au Jardin des Oliviers, Henri II et Catherine de Médicis également agenouillés, etc.

Ces deux émaux de la Sainte-Chapelle passèrent au Musée des Petits Augustins, puis en 1816 au Musée du Louvre.

5° **Bâton cantoral de la Sainte-Chapelle.** (buste de Constantin le Grand.) — Cet ancien sceptre consulaire (0m,31 de hauteur) se compose de plusieurs parties distinctes mobiles et superposées : 1° un buste d'empereur romain en sardonyx; 2° de deux mains en argent; 3° d'un piédestal composé d'un socle en vermeil. Pendant de longs siècles, il a servi au

---

(1) Germain Pilon habitait en l'île du Palais; il a été enterré le 5 février 1590 en la basse Sainte-Chapelle.

chantre de la Sainte-Chapelle comme insigne de sa dignité. Il fit partie du lot d'objets engagés à saint Louis par l'empereur de Constantinople. Le dessin qu'en a donné le chanoine Morand, dans son *Histoire de la Sainte-Chapelle*, en 1790, permet de reconstituer ce bâton cantoral qui a été abîmé et mutilé à l'époque révolutionnaire.

6° **Grand Camée** (glorification de Germanicus). — Ce camée, dont nous avons parlé plus haut, est le plus grand que l'antiquité nous ait légué (0^m,30 sur 0^m,26). Il suffira de dire que cette gemme célèbre entre toutes, en sardonyx à fond brun, a été connue sous divers noms : Triomphe de Joseph à la cour de Pharaon; Apothéose d'Auguste ; Agate de Tibère; la seconde de ces appellations est due à Peiresc et la dernière à Jacques le Roy, mais toutes trois sont erronées. Transportée à Constantinople par l'empereur Constantin, elle est citée, pour la première fois, dans l'inventaire du trésor de la Sainte-Chapelle en 1341. Mais il est bien évident qu'elle fit partie (nous l'avons dit) des joyaux engagés à Louis IX par l'empereur Baudoin II. Dans un moment de crise financière, Philippe VI l'envoya à Avignon, au pape Clément VI, par les soins du trésorier de la Sainte-Chapelle, Simon de Bresles, en 1342; ce camée revint en France vers 1379 au moment des embarras politiques du pape Clément VII : le roi Charles V l'orna d'un piédestal en argent doré et des figures des douze apôtres en émail, etc. Il fut porté aux processions à côté des reliques, mais il n'était pas au bout de ses pérégrinations. En 1618, il fut brisé en deux parties, mais aussitôt réparé ; au cabinet des Médailles, où il était entré sur la demande de Louis XVI, on pouvait le croire sauvé, quand, dans la nuit du 16 au 17 février 1804, il fut dérobé et vendu par les voleurs pour 300 000 francs à un orfèvre d'Amsterdam. Peu de temps après, il était heureusement découvert et repris par le Commissaire général de la ville, mais il était dépouillé de sa riche monture.

Ce camée, par sa finesse d'exécution, la richesse de sa pierre et ses dimensions, est considéré, à juste titre, comme un des chefs-d'œuvre de la glyptique romaine.

7° Quelques Manuscrits (1). — Trois grands antiphonaires qui avaient été exécutés pour la Sainte-Chapelle, à la fin du XIIIe siècle, ont disparu.

D'un autre côté, deux splendides évangéliaires, précieux exemples de la miniature à Paris sous Louis IX, peuvent être admirés à la Bibliothèque Nationale (2).

Il existe à Londres, dans la collection de M. H. Yates Thompson, un psautier de la Sainte-Chapelle qui paraît être de l'année 1290 environ, qui dans tous les cas est antérieur à la canonisation de saint Louis, et au Muséum (Harleian 2891), un très beau missel à miniatures du XVe siècle et dont l'identification paraît bien établie.

La Bibliothèque de l'Arsenal conserve, dans un coffret en chêne, un très riche manuscrit à miniatures.

Les chanoines attachaient beaucoup de prix à ce manuscrit, en souvenir de leur fondateur, mais c'est à tort qu'on le désigne sous le nom de « Psautier de saint Louis ».

La Bibliothèque Nationale (3) possède un évangéliaire copié en lettres d'or, du commencement de XIe siècle.

Cet évangéliaire avait été donné en cadeau en 1379 : il est recouvert de plats magnifiques représentant la Crucifixion. Il a conservé une partie des perles et pierres dont il

---

(1) Tous ceux que possédait alors la Sainte-Chapelle sont bien décrits dans l'inventaire de 1480. Cf. L. Delisle. *Le cabinet des Manuscrits*, II, p. 264. (Note Henri Stein).

(2) MS. Latins 8892 et 17326.

(3) MS. latins 8851. Cf. F. de Guilhermy, *Inscription de l'ancien Diocèse de Paris*. V. PP. 100-104 avec pl.

était revêtu. Sur le second côté, était reproduite la figure de saint Jean déjà peinte dans l'intérieur du volume (1).

La Bibliothèque de l'Arsenal (2) est encore en possession d'un hymnaire parisien des xiv⁰ et xv⁰ siècles contenant un ordo de la Sainte-Chapelle et deux Obituaires (3).

Nous citerons pour terminer : les Heures de Charles V (4) décorées de charmantes petites miniatures à encadrement tricolore qui débutent par un calendrier donnant les fêtes propres à la « Chapelle du Roi » et qu'il emportait sûrement lorsqu'il venait prier à la Sainte-Chapelle.

Il y a aussi à la Bibliothèque Nationale quelques monuments modernes sans grand intérêt artistique.

La Sainte-Chapelle, magasin à farines, club, etc. — Depuis la Révolution, la Sainte-Chapelle, désaffectée, eut les destinations les plus diverses et les plus déplacées. En 1792, nous la voyons magasin à farines ; en 1795-1797, sous le Directoire, elle est le Club de la Sainte-Chapelle ; en 1800 elle est alors louée par des ecclésiastiques qui voulaient y rétablir le culte catholique, mais en 1803, une partie du dépôt de la Section Judiciaire des Archives de l'Empire est installée dans la chapelle haute, pendant que la Chapelle basse est laissée à la disposition de la Cour des Comptes qui y renferme une petite partie de ses archives.

C'est à l'occasion de ces dépôts, nous l'avons dit plus haut, que les verrières ont été supprimées à une certaine hauteur et remplacées par une partie murée et des verres blancs.

Nous ne savons rien autre sur cette époque lamentable de

(1) Au folio 115 N°.
(2) M. S. 914.
(3) Bibliothèque Nationale. MS. latins 17741, et Bibliothèque Mazarine MS.
(4) 3339 Partiellement publiées dans les Obituaires de la Province de Sens (Paris 1902, in-4), p. 814, 821.

l'histoire de la Sainte-Chapelle, sinon la découverte en 1830 d'un cœur humain, découverte dont on a beaucoup parlé à cette époque, et que nous racontons au chapitre suivant.

CHAPITRE II

Découverte d'un cœur humain renfermé dans une boîte d'étain placée sous une dalle de la chapelle haute (1803). — Restaurations de 1837 par Duban et Viollet-le-Duc. — Réparation moderne des verrières par le peintre vitrier Steinheil et Lassus (1850 à 1867).

C'est une histoire presque burlesque que celle de la découverte d'un cœur sous une dalle de la chapelle haute, en janvier 1803.

Ainsi, on se préoccupait de l'installation des archives, quand l'enlèvement de cette dalle, en présence de Camus qui présidait à ce travail, mit à nu une boîte d'étain. Elle ne portait ni épitaphe ni inscription; on l'ouvrit et l'on reconnut qu'elle contenait un cœur humain.

L'identification de ce cœur ne préoccupa pas autrement ces travailleurs; Camus ordonna de replacer la boîte un peu plus loin et ce fut tout pour l'instant.

Or, le 15 mai 1843 (quarante ans plus tard par conséquent), de nouveaux travaux furent entrepris, au même endroit, et la fameuse boîte reparut.

Alors on prétendit qu'il ne pouvait y avoir là que le cœur de saint Louis (1); les esprits s'échauffèrent, des polémiques s'engagèrent, l'opinion se passionna très vivement, à tel point que l'Institut fut consulté.

(1) Peut-on supposer le cœur de saint Louis dans une boîte sans indications?

On vit alors paraître des ouvrages pour et des ouvrages contre, tout comme dans une récente affaire que je ne veux pas nommer, parce que l'on me comprendra à demi-mots. Tout ce qui paraissait sur la découverte faite à la Sainte-Chapelle était enlevé en rien de temps, chez les libraires : *Examen critique de la découverte du prétendu cœur de saint Louis* par Létronne (Paris, 1844, in-8) et *Preuves de la découverte du cœur de saint Louis*, rassemblées par MM. Berger de Xivrey, H. Deville, Ch. Lenormant, A. le Prévost, P. Paris, et le Baron Taylor (Paris, 1846, in-8).

Cette agitation ne pouvait se prolonger indéfiniment; aucune preuve sérieuse ne s'étant produite, le Ministre des Travaux publics décida que la boîte d'étain et le noble cœur, sans doute, qu'elle contenait, mais pas celui de saint Louis, serait pour la troisième et peut-être la dernière fois replacés où ils avaient, en dernier lieu, été trouvés.

Cet acte ministériel a été l'objet d'une note insérée au *Moniteur* du 24 octobre 1845.

N'avions-nous pas raison de dire que cette histoire, qui apporte une note gaie dans une circonstance plutôt triste, confine au burlesque?

Restauration (1837). — C'est sous le règne de Louis Philippe que fut entreprise une restauration de la Sainte-Chapelle. Duban et Viollet-le-Duc en furent chargés et Bellu, maître charpentier, reconstruisit, sous leur direction (1), la charpente du comble et la surmonta d'une élégante et svelte flèche en bois et plomb, reproduction fidèle de celle de Charles VII détruite par l'incendie du 1630.

Cette flèche, que nous avons décrite dans notre chapitre II, n'aurait été terminée qu'en 1853.

(1) Sous la direction de l'architecte Lassus, d'après Henri Stein. Sous celle de Duban et Viollet-le-Duc, d'après Desmaze. **Nous opinons pour Lassus.**

LA SAINTE-CHAPELLE DE PARIS. LA ROSACE VUE DE L'EXTÉRIEUR
(CLICHÉ ALPH. BERTILLON)

La restauration de la Sainte-Chapelle, commencée en 1837, fut longue et difficile. Une gravure de l'ancien Paris nous donne l'aspect de la crypte de la Sainte-Chapelle, vers 1840; nous la voyons encore enfouie sous les matériaux de toutes sortes. N'oublions pas aussi que les questions budgétaires comptent toujours pour beaucoup dans la stagnation des travaux officiels (1).

Réparation moderne des verrières (1850-1867). — Ce fut un véritable travail de bénédictin que la réparation de ces verrières qui avaient été remplacées par du verre blanc. Cette œuvre énorme de reconstitution fut confiée au peintre vitrier Steinheil qui se chargea d'abord de dessiner les cartons des nouveaux vitraux.

Il reproduisit, au milieu de grisailles semées de tours et de fleurs de lys, des scènes de l'histoire de la Vierge, depuis la Visitation jusqu'au couronnement, tandis que dans les tympans, des personnages de l'Ancien Testament déroulent des textes prophétiques.

Bien que de composition absolument moderne, tout ce travail est fort intéressant. Pour l'apprécier il faudrait qu'il fût suffisamment éclairé : mais aujourd'hui, les constructions actuelles en masquent toute la partie Nord en même temps qu'elles donnent de l'humidité, aussi bien dans la chapelle haute que dans la chapelle basse. Nous avons vu les restrictions que firent, en 1782, les chanoines lors de la cession du bâtiment ancien. Ils désiraient notamment que toutes précautions fussent prises pour éviter l'ébranlement des fondations de la Sainte-Chapelle et l'obscurité de ce monument.

Combien il est regrettable que l'on ait passé outre à leurs sages recommandations. Autrement, nous pourrions admi-

(1) Nous avons bien vu la Sainte-Chapelle, pendant dix ans, cachée par des échafaudages énormes.

rer dans leur entier les magnifiques verrières de gauche des deux chapelles.

Ce sont naturellement les verrières de gauche de la chapelle basse qui sont le plus invisibles.

CHAPITRE III

La messe rouge moderne (1849-1901). — La Sainte-Chapelle pendant la Commune de Paris (1871). — Menaces d'incendie par le voisinage du Palais en feu (mai 1871).

Le culte catholique avait été restauré à la Sainte-Chapelle par le Président de la République lorsqu'il installa la magistrature au Palais, le 3 novembre 1849. Depuis, au mois de novembre de chaque année, pour la rentrée des Cours et Tribunaux, une messe solennelle y était dite.

Elle fut supprimée en 1901, peu de temps avant la loi de séparation des Églises et de l'État.

Cette messe, dite du Saint-Esprit, mais plus connue sous l'appellation de Messe Rouge, était un spectacle assez intéressant et assez grandiose pour être décrite. Voici d'ailleurs ce qu'en pense *la Presse Judiciaire parisienne* (1)

« Le décor est admirable : c'est cette merveilleuse Sainte-Chapelle si froide, si morte d'ordinaire et qui, ce seul jour-là, pendant quelques instants, se ranime.

« Il est midi : la légère dentelle de pierre brodée de ses vieux vitraux laisse filtrer les rayons adoucis du soleil d'automne ; sur les colonnettes, sur les saillies des voûtes ogivales, sur les murs étoilés d'or, ils plaquent de petits disques violets,

(1) Voir le *Palais de Justice* (1892).

rouges, jaunes et bleus. On dirait des hosties de fantaisie, collées là par quelque malicieux enfant de chœur.

« La nef est comble et rougeoie jusqu'à la moitié. C'est un éclatement inouï et écarlate que tempèrent çà et là les blancheurs des hermines. Rouge la robe du cardinal archevêque de Paris debout devant son fauteuil d'or auprès du maître-autel flamboyant.

« Rouges à droite les loges des conseillers de la Cour suprême. Rouges à gauche les membres de la Cour d'Appel ; rouge derrière eux le Procureur Général ; rouges les avocats généraux et rouges leurs substituts : tout est rouge.

« L'effet est magnifique : pour le compléter et lui donner vraiment une note archaïque, on regrette presque de ne pas voir derrière ces magistrats en tenue de parade, quelqu'un de ces grands diables de bourreaux d'autrefois, si beaux, si bien découplés dans leur pourpoint de pourpre et tels que nous les ont montrés les images de nos histoires enfantines.

« Comme pour faire ressortir la couleur de ce premier plan, au fond de la chapelle tous vêtus de leurs robes noires, se placent et se tassent les magistrats du Tribunal Civil et du Tribunal de commerce, le Procureur de la République, les membres du Conseil de l'Ordre, avoués, huissiers et autres ; enfin, perchés dans une petite tribune, quelques curieux et curieuses privilégiés (1).

« Le spectacle, on le voit, n'est pas banal. Mais les yeux ne sont pas seuls satisfaits. La maîtrise de Notre-Dame prête en effet son concours à la solennité, et parfois il faut se retenir pour n'applaudir point les voix superbes qui entonnent le Veni Creator, le Domine Salvam, etc., soutenues par l'orgue et la harpe.

(1) Nous avons eu le plaisir d'en faire partie. Nous pouvons dire que cette note admirative n'a rien d'exagéré.

« La messe terminée, commence un défilé plus curieux encore. Dans l'ordre hiérarchique scrupuleusement observé, les assistants traversent la terrasse dont les murs sont tendus, pour la circonstance, de tapis des Gobelins et s'engagent lentement dans la galerie Mercière.

« Les badauds, retenus par les gardes municipaux qui présentent les armes, font la haie et se pressent pour regarder ces hommes rouges qui passent (1). »

Nous avons tenu à donner cette fidèle description de la messe rouge moderne, mais il faut dire qu'elle avait lieu, à peu près avec le même cérémonial, sous la monarchie.

C'est ainsi, par exemple, qu'un grand historien de Paris, après avoir rendu compte de la messe du Saint-Esprit dite à la Sainte-Chapelle, le 12 novembre 1771, ajoute cette information drolatique :

« Tout ceci terminé, la Cour passa à la buvette où elle quitta la robe rouge et l'épitoge et se rendit chez le premier président pour y dîner en corps et robes noires.

« Quoiqu'il y eût une foule prodigieuse de monde au Palais, tout s'y est passé avec le plus grand ordre, la plus grande décence et la plus grande tranquillité. »

On voit que tout finissait bien.

Nos messes rouges modernes se succédèrent à la Sainte-Chapelle de 1849 au 3 novembre 1870. Elles n'existèrent pas pendant la Commune naturellement, mais elles furent rétablies après la pacification de Paris, jusqu'à 1901, nous affirme-t-on (2).

La Sainte-Chapelle pendant la Commune (1871). — Que devint la Sainte-Chapelle pendant cette horrible période de notre histoire ? Elle ne reçut aucune destination spéciale.

(1) Depuis la suppression de la messe rouge, une messe, bien incolore forcément, est dite annuellement à Saint-Germain-l'Auxerrois.

(2) A Notre Dame de Paris.

Dans son livre, Desmaze nous dit que Raoul Rigault, qui occupait l'ex-préfecture de Police, donnait à des officiers fédérés et sans doute à d'autres citoyens qui le désiraient, la permission (1) de la visiter et que ceux-ci n'en sortaient que scandalisés de voir des emblèmes anciens y trouvant encore abri. C'était tout ce qu'ils y comprenaient.

D'ailleurs, il ne faut pas s'illusionner, les incendiaires de la Commune n'étaient pas à un incendie près; la Sainte-Chapelle était condamnée à mort. Il nous a été conté que si elle a échappé au feu qui dévorait le Palais de Justice, c'est grâce à une circonstance bien heureuse et bien imprévue. Cette circonstance, pour ainsi dire providentielle, c'est une explosion de gaz qui a empêché les pétroleurs de la Commune acharnés après le Palais d'approcher de notre splendide et glorieuse Sainte-Chapelle. Voilà ce que tout le monde ne sait pas, et ce dont nous nous devons tous nous réjouir par amour de l'art et par patriotisme.

CHAPITRE IV

La Sainte-Chapelle classée monument historique. — Inondations de 1910. — Visiteurs. — Jours de visite. — Trois vœux du public.

La Sainte-Chapelle attenante à l'ancien Palais dans lequel se sont déroulées les premières et dramatiques pages de notre histoire nationale, et dont elle a été elle-même le théâtre, est heureusement placée aujourd'hui sous la protection

(1) Desmaze a pris copie des permissions.

des lois(1). Le Ministère des Beaux-Arts en prend le soin qui est dû à tout monument historique. Il assure sa conservation, sa propreté et sa visite aux nombreuses personnes, françaises ou étrangères, qui, pendant la belle saison, viennent l'admirer.

Le lecteur a pu douloureusement constater combien de fois la Sainte-Chapelle s'est trouvée en danger de mort, par le fait des éléments, l'eau comme le feu, et surtout par les mains criminelles des hommes.

Puisse-t-elle être entrée, comme nous, dans une ère de pacification générale, qu'on comprenne enfin que, même en cas d'évolution sociale, nos plus beaux chefs-d'œuvre d'art n'ont rien à voir avec nos querelles intestines et doivent être conservés intacts aux générations futures !

Inondations de 1910. — Elles sont trop récentes pour être oubliées, ces terribles inondations. Nous avons vu notamment le Palais de Justice envahi par une crue formidable le 28 janvier 1910; l'eau avait atteint 1^m,80 à la Sainte-Chapelle et l'on circulait en bateau dans la cour où elle se trouve. Ce fut désastreux et, pourtant, on nous faisait remarquer dernièrement que les peintures de la chapelle basse n'avaient pas encore souffert autant que l'on pouvait le craindre.

Pour rappeler ce triste événement, le Ministère des Beaux-Arts a fait mettre une marque qui indique, sur un pilier de droite du porche de la chapelle basse, la hauteur des eaux envahissantes.

(1) D'après Paul Escudier, député de la Seine, la loi de 1884, comme le projet de loi du 11 novembre 1910 sur la conservation des monuments et objets ayant un intérêt historique ou artistique, sont inefficaces, mais les lois sont toujours modifiables. Espérons donc une loi vraiment protectrice de *nos trésors sans défense*, suivant l'expression de l'honorable député Paul Escudier.

(*Le Journal*, 30 août 1912)

LA SAINTE-CHAPELLE DE PARIS ACTUELLE

Visiteurs et jours de visite. — Nous n'avons pas grand'chose à dire des visiteurs, sinon qu'ils sont très nombreux et qu'ils paraissent saisis d'admiration devant les majestueuses et flamboyantes verrières de la Sainte-Chapelle.

Nous avons remarqué aussi que poussés par un sentiment de respect, et bien que la chapelle soit désaffectée, ils se découvrent instinctivement : ce qui est fort convenable.

Quatre vœux du public. — Ces vœux sont bien simples et bien naturels. Nous les avons entendus et nous les faisons nous-même en terminant :

1° Ne pourrait-on pas enfin remplacer l'affreuse porte, *dite porte provisoire*, de la chapelle basse ? On ne peut pas ouvrir un livre traitant de la Sainte-Chapelle, sans qu'on vous fasse remarquer les planches défectueuses et les vilains carreaux du haut de cette porte (1).

2° Dans la chapelle haute, au fond du chœur, l'emplacement qui était dissimulé par un maître-autel (qui aurait bien dû être remplacé selon nous) laisse voir la muraille toute brute. L'œil est choqué de ce contraste avec les jolies peintures de l'édifice. Ne pourrait-on pas peindre au rouge, par exemple, ce vilain fond de muraille ?

3° On remarque aussi, au fond du chœur, sept à huit emplacements de médaillons disparus. Même observation par conséquent.

Nous savons l'administration des Beaux Arts actuelle très soucieuse des intérêts dont elle a la charge, et il ne lui est pas indifférent de connaître l'opinion publique, aussi bien pour les petites que pour les grandes choses. Elle ne pourra donc pas prendre en mauvaise part les vœux qui lui sont exprimés ici.

---

(1) Nous voyons bien, pour notre compte, depuis plus de vingt ans, cette porte provisoire !

106   LA SAINTE-CHAPELLE DE PARIS.

L'architecte de la Sainte Chapelle est M. Bœswilwald (1), dont on connaît le savoir et l'intérêt qu'il porte au très intéressant édifice qui lui est confié.

Nous arrêterons là cette monographie déjà un peu longue de la Sainte-Chapelle, visible tous les jours, le lundi excepté :

du 1er avril au 30 septembre,
de 11 heures à 5 heures ;
du 1er octobre au 31 mars,
de 11 heures à 4 heures.

(1) Le joli pavage en mosaïque notamment est l'œuvre de M. Bœswillwald père, dont nous avons parlé au chapitre 1er.

Novembre 1912.

TABLE DES MATIÈRES

PREMIÈRE PARTIE

SAINT LOUIS JUSQU'A LA RÉVOLUTION (1246-1789)

CHAPITRE PREMIER

Louis IX (saint Louis). — Édification de la Sainte-Chapelle (1246-1248). — Description générale. — Sacristies, dépendances. — Bibliothèque. — Chapelle basse. — Tombes. — Chapelle haute 9

CHAPITRE II

Description générale (suite) : La flèche, les cloches, les verrières, les orgues (1299-1672). — Dépenses de construction. . 30

CHAPITRE III

La consécration solennelle (25 avril 1248). — Les reliques. — Aliénation de parties des reliques. — Vols. — Le chapitre. — Le culte. — Les cérémonies. — Les possédés du Diable. 43

CHAPITRE IV

Incendies (1618-1630-1776). — Inondations (1689-1690). — Nouvelles inondations (1731). 63

CHAPITRE V

Le *Lutrin*, de Boileau (1674-1701). — Trésor des chartes (XIIIe siècle). 72

DEUXIÈME PARTIE

DE LA RÉVOLUTION A NOS JOURS (1789-1912)

CHAPITRE PREMIER

Projets de démolition et de restauration (1790). — Mesures protectrices pour le Trésor de la Sainte-Chapelle demandées par Louis XVI. — Récolements officiels (1791). — Épaves conservées : tableaux, Vierge, émaux, grand camée, etc. — La Sainte-Chapelle devenue magasin à farines (1792), puis club (1795-1797) et dépôt d'archives judiciaires (1803).   83

CHAPITRE II

Découverte d'un cœur humain sous une dalle de la chapelle haute (1803). — Restauration (de 1837), par Duban et Viollet-le-Duc. — Réparation moderne des verrières par le peintre vitrier Steinheil et Lassus (1850 à 1867).   93

CHAPITRE III

La messe rouge moderne (1849-1901). — La Sainte-Chapelle pendant la Commune de Paris (1871). — Menaces d'incendie par le Palais de Justice en feu (mai 1871)   98

CHAPITRE IV

La Sainte-Chapelle classée comme monument historique. — Inondations de 1910. — Visiteurs. — Jours de visite. — Trois vœux du public   101

2627-12. — CORBEIL. Imprimerie CRÉTÉ.

www.ingramcontent.com/pod-product-compliance
Lightning Source LLC
Chambersburg PA
CBHW070245100426
42743CB00011B/2144